SOUVENIRS

DU SIÉGE

DE BELFORT

AIX-EN-PROVENCE, imprimerie et librairie A. MAKAIRE,
2, rue Pont-Moreau, — 1871.

SOUVENIRS

DU SIÉGE

DE BELFORT

CORRESPONDANCE ET JOURNAL D'UN MOBILE DU RHONE

16ᵉ RÉGIMENT DE MARCHE
3ᵉ BATAILLON, 8ᵉ COMPAGNIE

PAR

LUCIEN DUC

PROFESSEUR

SE TROUVE :

A LYON, chez MÉRA, éditeur.
A DRAGUIGNAN, chez vᵉ GIBELIN, libraire.
A MARSEILLE, chez CAMOIN ET ROSTOLAN, libraires.
A AIX, chez tous les libraires.

1871

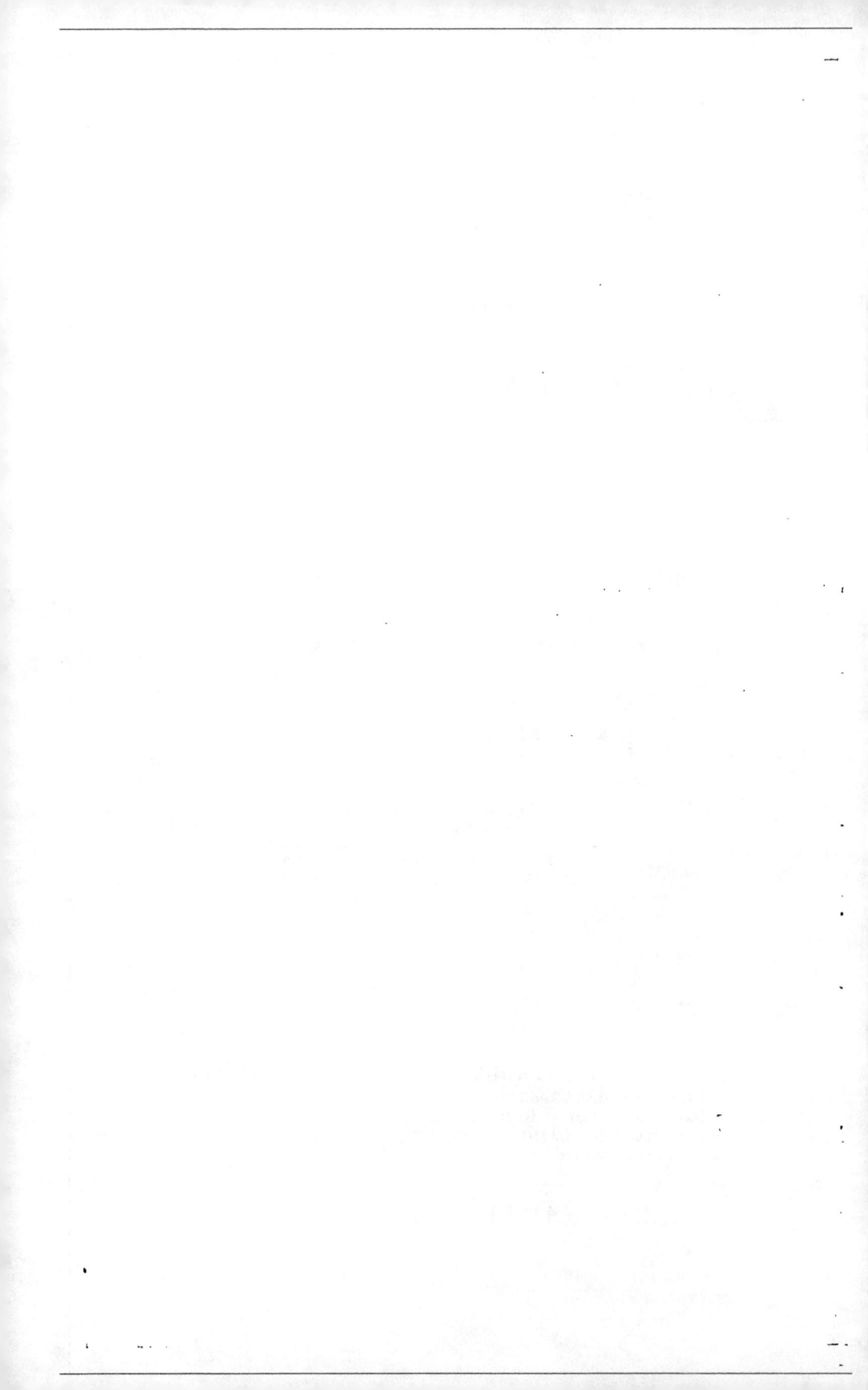

A MONSIEUR CHASSON

PROFESSEUR AU COLLÉGE D'AIX

CHER ONCLE,

Permettez-moi de mettre ces pages sous le patronage de votre nom, qui, plus que le mien, inspirera de la confiance au lecteur.

Daignez en accepter l'hommage comme un témoignage de reconnaissance de celui dont vous avez dirigé l'éducation.

Votre affectionné neveu,

Lⁿ DUC.

PRÉFACE

En publiant ce livre , je cède aux instances de
mes compagnons d'armes qui m'ont vivement ex-
primé le désir de voir réunies en un volume les notes qu'ils ont lues dans mon portefeuille, à Belfort,
et à celles non moins vives de mes amis de Nice,
de Draguignan et d'autres localités qui m'ont prié
de faire une relation du siége de Belfort.

Ces pages sont donc destinées à être lues par des amis dont l'indulgence m'est assurée. C'est ce qui m'a encouragé à les livrer à la publicité, si imparfaites qu'elles soient.

Je n'ai point visé au romanesque : je n'ai dit que la simple vérité.

Ce sont tout simplement les notes que j'ai rédigées au jour le jour pendant le siége, précédées d'un recueil de lettres écrites à divers camarades avant cette époque, et suivies de la relation de notre voyage jusqu'à notre entrée solennelle à Lyon.

Je demande donc la plus grande indulgence au lecteur pour ces pages écrites au courant de la plume, *currente calamo.*

Mai 1871.

SOUVENIRS DE BELFORT

PROLOGUE

QUINZE JOURS AU CAMP DE SATHONAY

4 septembre 1870.

Très-cher ami,

Vous serez sans doute étonné, en recevant ma lettre, et vous vous demanderez par quel enchaînement de circonstances j'ai échangé la vie paisible de l'instituteur contre la vie des camps.

Que voulez-vous, mon cher ami, la destinée le veut ainsi. N'ayant pas eu la précaution de faire un engagement décennal dans l'enseignement primaire, je me trouve compris dans les cadres de la garde mobile du Rhône et appelé sous les drapeaux.

Je me suis donc rendu, le 18 août, au camp de Sathonay, où j'ai trouvé les mobiles du Rhône parqués dans les baraquements.

La vie qu'on mène ici n'est rien moins que militaire. Un désordre sans égal règne au camp. Heureusement que nous avons liberté complète et que le train nous conduit tous les jours à Lyon, auprès de nos familles.

On ne voit les mobiles qu'à l'heure de l'appel et à l'heure de la soupe, (et Dieu sait s'il faut se bousculer pour en avoir une gamelle !) Mais, pour une corvée, plus de mobiles. Ils disparaissent comme par enchantement. Du plus loin qu'on aperçoit le caporal de semaine on s'éloigne dans une autre direction. S'il entre dans un baraquement par une porte, l'on se hâte d'en sortir par la porte opposée ou par une croisée.

Il est de la plus grande impossibilité de dormir au camp, car il ne se passe pas de nuit sans tapage et sans charivari. Malheur à ceux qui veulent reposer en paix ! On les prend par les pieds et on les fait dégringoler du lit de camp sans pitié ; puis on leur envoie une grêle de traversins au milieu des lazzis et des rires de toute la chambrée.

Bref, c'est un désordre sans pareil contre lequel les chefs ne peuvent rien, car ils ne sont pas écoutés.

L'Administration comprendra, j'espère, que les mobiles ne prendront au sérieux leur nouveau métier que quand ils ne seront plus à même d'aller dîner chez papa et maman.

. . . .

. . . .

6 septembre.

J'allais jeter cette lettre à la boîte quand des événements politiques d'une grande importance se sont produits.

La lecture de la proclamation du ministère qui annonce le désastre de Sedan a été accueillie, à Lyon, aux cris de : Vive la République !

Le peuple, accouru sur la place des Terreaux, a envahi l'hôtel de ville, arboré le drapeau rouge à toutes les fenêtres et proclamé la République. Le même soir le nouveau gouvernement choisi par le peuple parisien a été acclamé avec enthousiasme.

Ces événements ont porté à son comble le désordre qui régnait à Sathonay.

Ce matin nous avons eu aussi au camp notre petite insurrection.

Le major du camp se faisant un peu tirer l'oreille pour reconnaître le Nouveau Gouvernement, ou du moins pour arborer le drapeau rouge, attendu qu'il n'avait reçu aucun ordre de ses chefs , les mobiles, en armes, rassemblés devant le poste, ont contraint les hommes de garde à lever la crosse en l'air et à crier aussi : Vive la République !

Contente de sa petite démonstration , la foule s'est dispersée après un patriotique discours du commandant du camp.

Une affiche qu'on vient d'apposer engage les mobiles à remonter au camp et à respecter la discipline.

Mais ce qui mettra fin à ce désordre c'est notre prochain départ pour Belfort , qui doit avoir lieu le 15.

UNE VILLE DE GUERRE — BELFORT

19 septembre.

Cher ami , nous voici arrivés à destination.

Le 15 , à onze heures du soir , après avoir fait nos adieux à nos familles dans la journée, nous nous sommes rendus à la gare de Vaise où nous avons pris , à minuit , le train qui devait nous conduire à Belfort.

Je ne vous dirai rien de l'aspect des campagnes que nous avons traversées , car la nuit nous a empêché de jouir de ce spectacle. Quand le jour nous a permis de contempler le paysage, nous traversions les vignobles de la Côte - d'Or et nous avons pu, pendant un arrêt du train , goûter les raisins de Bourgogne. A notre grand regret nous n'avons pu visiter la ville de la moutarde , et nous avons passé devant elle en chantant à tue - tête *la Belle Dijon-naise*.

Nous avons séjourné une heure à Dôle, pour dé-jeûner, ce qui nous a procuré le plaisir de visiter la ville dont les environs sont assez pittoresques.

Nous aurions voulu de même pouvoir nous ar-rêter à Besançon ; mais nous n'avons pu que l'en-trevoir en passant. Enfin , après une halte assez considérable à Héricour, nous avons bientôt aperçu l'imposante citadelle de Belfort et les tentes des mobiles campés autour des fortifications.

Nous débarquions à deux heures et nous prenions possession trois heures après de l'écurie qui doit nous servir de caserne.

Nous sommes parqués cent cinquante dans une salle qui pourrait à peine en contenir soixante, rai-sonnablement espacés , et nous avons pour couche un peu de paille réduite à l'état de poussière. La chaleur est suffocante dans ce chenil et nos pauvres gosiers sont desséchés par la poussière qui s'élève en nuages dans la chambre.

Quel triste gîte !

Mais aussi quelle affluence de soldats dans cette ville !

On ne voit presque absolument que des troupiers dans les rues qui regorgent de promeneurs. Chacun s'empresse de visiter les différents faubourgs de la ville , ainsi que les villages environnants parmi lesquels Bavilliers a la préférence , surtout à cause du bon accueil qu'on y reçoit et qui est bien différent de l'accueil froid des Belfortains.

Mon Dieu ! qu'une ville de guerre est donc triste! Malgré soi on éprouve une sensation de peine en franchissant ces doubles rangées de fossés et de remparts et ces ponts-levis qui se relèvent derrière vous, le soir, comme les portes d'une prison.

Une fois dans la ville, qu'y voit-on ?

De hautes casernes aux façades sombres l'encadrent de tous côtés ; les établissements publics tels que l'arsenal , la prison , les hôpitaux , l'hôtel de ville et l'église occupent ensuite presque tout l'intérieur , et c'est à peine si une cinquantaine de maisons donnent asile à l'élément civil de la population. Enfin , au-dessus de vos têtes , se détachant sur le ciel gris , s'élève , comme une menace , la sombre citadelle , imposante sur son piédestal de rochers et laissant apercevoir par ses créneaux la gueule béante de ses canons. . . . .

. . . .

Le 28 septembre

Nous avons quitté depuis cinq à six jours le triste gîte que nous occupions dans le faubourg de France, et nous l'avons échangé contre la petite tente du soldat.

Nous voilà donc campés en plein champ et à côté du fort des Hautes Perches qui est situé sur une colline faisant face à la citadelle.

Puisque j'ai prononcé le nom d'un fort, je vais vous faire connaître les noms et la situation des autres. Vous pourrez ainsi vous faire une idée des fortifications de Belfort.

La ville est en grande partie entourée de montagnes couvertes de forêts, surtout du côté du nord et de l'est. Elle est accessible à l'ennemi par quatre ouvertures principales :

A l'ouest, par la plaine d'Essert ;

Au sud, par celle qui s'étend de Danjoutin à Vezelois, sur la route de Mulhouse ;

A l'est, par la route de Bâle,

Et au nord, par la plaine de Valdoie, resserrée entre le Salbert et la forêt de l'Arsot.

Les abords de la ville sont défendus au sud et au sud-est par les deux forts des Perches , les Hautes et les Basses , situés sur deux collines en avant de la citadelle.

Du côté de l'est et du nord - est , les forts de la Justice et de la Miotte , qui sont bien situés , tiennent l'ennemi à distance.

La plaine du Valdoie est commandée par la citadelle d'abord , ensuite par le fort des Barres , qui commande aussi la route de Paris. Malheureusement ce fort , le plus grand de tous , est situé dans la plaine, et les montagnes du Salbert et du Mont, contre lesquelles il est presque adossé, ne sont pas fortifiées.

Enfin le petit fort de Bellevue , placé un peu au-dessous de celui des Barres , commande aussi les villages d'Essert et Bavilliers , sur la route de Paris.

Au milieu de tous ces forts la citadelle s'élève, majestueuse sur son roc , et peut envoyer ses obus dans toutes les directions.

Dans ma prochaine lettre je vous raconterai notre vie au camp , puisque vous désirez être initié à toutes les misères de la vie du soldat.

SOUS LA TENTE

———

Les Perches, le 6 octobre.

C'est assis à l'entrée de ma tente que je vous écris.

Quelle triste vie nous menons ici !

Sauf deux ou trois heures d'exercice par jour et quelques corvées en ville, nous sommes condamnés à nous traîner sur la paille de nos tentes où des appels nombreux nous forcent de rester presque toute la journée.

Vous figurez-vous notre existence ?

Nous rôtissons littéralement dans la journée, car la chaleur se concentre sous nos tentes ; mais, en revanche, nous grelottons la nuit, car nos toiles, mal fermées, laissent passer un air froid et humide, bien que la saison ne soit pas encore bien avancée.

Mais il faut dire aussi que nous sommes si mal vêtus que nous faisons pitié. Imaginez-vous que depuis que nous sommes sous les drapeaux nous n'avons encore reçu qu'une mauvaise blouse bleue et un képi. Nous ressemblons exactement à des facteurs ruraux.

Je ne vous parlerai pas de l'état de nos pantalons : il est si déplorable que nous n'osons presque plus aller en ville où on nous prend pour des mendiants , surtout en présence des mobiles du Haut-Rhin qui sont vêtus du costume règlementaire.

A qui faut-il imputer la lenteur que l'on met à nous habiller ? Je ne sais, mais nous allons rédiger une pétition au Préfet du Rhône , afin qu'il agisse auprès de qui de droit , car il est incroyable qu'on laisse des jeunes gens à peine sortis de leur famille dans un état aussi misérable , alors surtout que la saison devient de jour en jour plus rigoureuse et qu'on les loge sous la tente , quand d'autres, bien vêtus, logent dans les casernes.

Espérons que nos chefs s'occuperont un peu de cette importante question.

Je finirai de vous raconter nos misères la prochaine fois.

Sous la tente, le 12 octobre.

Cher ami,

C'est de la grand'garde que je vous écris.

Nous sommes douze, envoyés en poste avancé à quelques centaines de mètres de notre camp pour y faire l'apprentissage du métier militaire.

A onze heures, nous décampons, c'est-à-dire nous enlevons nos tentes, nous les roulons avec nos couvertures et nous les passons en sautoir autour du corps ; nous ajustons aussi bien que possible tout notre bagage (linge, bidon, etc.) autour des reins et nous rompons les faisceaux. Tout cela est l'affaire d'un quart d'heure.

A onze heures et demie, le tambour bat, le clairon sonne et nous défilons en portant les armes. A la dernière note du clairon nous portons nos fusils sur l'épaule et nous continuons à marcher pour gagner notre poste.

Au bout de dix minutes, nous apercevons une sentinelle qui garde un étroit passage frayé dans une touffe de buissons et de petits arbustes sauva-

ges qui se prolongent en cordon à une centaine de
mètres.

Nous avançons ; la sentinelle crie : Aux armes !
et nous voyons alors de l'autre côté des buissons
les douze hommes que nous venons relever de faction qui se mettent sous les armes.

Nous voici arrivés.

Il faut dresser nos tentes afin de nous préserver
tant soit peu des injures de l'air et surtout de l'hu-
midité de la nuit. Voilà un travail de fait. Nos deux
abris sont dissimulés derrière les buissons ; nous é-
tendons nos couvertures à terre et nous nous repo-
sons sur ce mince matelas. Certes, l'on se plaint a-
vec raison du peu de confortable que l'on trouve
sous la tente , au camp ; ce n'est cependant rien
auprès de ce que nous allons éprouver cette nuit,
car la paille fait absolument défaut , et il nous va
falloir allonger nos pauvres membres sur la terre
nue et humide sans pouvoir seulement quitter nos
souliers.

Mais ne nous alarmons pas de si tôt , nous au-
rons tout le temps de réfléchir à notre triste situation cette nuit. Il n'est encore que trois heures ; un
bon soleil nous réconforte un peu , et l'on se croi-

rait dans une région du Midi si une bise froide ne venait paralyser en partie l'effet de ce bienfaisant soleil.

Les uns dorment, d'autres jouent aux cartes. Moi je pense à mes amis et je rédige pour eux les impressions de cette journée. Ici, comme au camp, c'est ma seule distraction. J'écris lettres sur lettres, afin d'en recevoir beaucoup. Malgré cela il se passe encore bien des jours pendant lesquels je suis sans nouvelles du dehors. Ces jours-là je suis triste, je ne sais à quoi m'occuper ; je trouve le fusil plus lourd et la couche plus dure : je m'ennuie. Une bonne et longue lettre, au contraire, me réconforte et me fait oublier un instant nos misères habituelles.

Pendant que je me livre à ces réflexions on a relevé le factionnaire et nous attendons tous avec impatience qu'on nous apporte la soupe. Mais bien que l'heure ait sonné, nous tournons vainement nos regards vers le camp ; rien n'arrive.....

Enfin, voici les gamelles !

Après une heure d'attente nous sommes enfin en possession de la gamelle de soupe et du morceau de bœuf tant désirés. Comme de coutume nous

trouvons le bouillon bien aveugle et le morceau de
bouilli bien petit , mais enfin nous voilà contents
jusqu'à demain matin.

La nuit tombe. Les sentinelles de nuit sont pla-
cées autour du poste, au milieu des champs. Je vais
m'étendre sous ma tente, en attendant que je prenne la faction à mon tour.....................

....

Le jour commence à poindre. Je suis déjà depuis
une heure en sentinelle avancée au milieu d'un
champ de pommes de terre, détrempé par des pluies
récentes. Un froid glacial engourdit la nature ; une
abondante rosée m'enveloppe et me pénètre , malgré ma couverture qui me sert de manteau.

Dieu ! que les heures sont longues et que la nuit
est froide !

Enfin, voici le jour !

Je contemple à loisir le panorama qui se déroule
sous mes yeux.

Devant moi s'étend une plaine allongée du sein
de laquelle apparaissent de gracieux villages domi-
nés par d'élégantes flèches. Une rivière argentée
(la Savoureuse) serpente gracieusement le long des
collines couvertes de feuillage qui bornent l'hori-

zon ; et au pied même du monticule qui me sert d'observatoire s'étale un gracieux village entouré de verdure.

Comme la plupart des villages d'Alsace, Danjoutin (c'est le nom de ce village) est une réunion de granges isolées les unes des autres par des jardins et des basses-cours. Les toits penchés de ces granges sont couverts en chaume, et parfois la mousse, le lierre et la vigne gracieusement enchevêtrés en tapissent les murs.

Comme contraste à ce riant panorama de plaine, se déroule , du côté opposé , la sévère chaîne des Vosges dont les sommets bleuis se confondent avec l'azur des cieux.

Les ouvriers qui vont travailler aux forts des Perches gravissent le monticule. Il ne doit pas être loin de six heures.

Enfin, me voici relevé de faction !

J'ai hâte d'aller réchauffer mes doigts glacés à un feu de broussailles que mes camarades viennent d'allumer.

Dans quelques minutes le café , puis ensuite la soupe , viendront faire diversion à nos pensées; nous jetterons à bas nos frêles tentes , humides de rosée, nous les roulerons et nous attendrons l'heure d'être relevés de grand'garde.

Quartier - Neuf , le 20 octobre.

Enfin ! nous voici un peu mieux logés et un peu mieux vêtus !

Nous avons roulé définitivement nos tentes qui nous servent maintenant de paillasse, et nous avons trouvé un gîte dans la caserne de cavalerie qui se trouve au quartier Neuf , tout à côté du fort des Barres.

Certes le logement est loin d'être confortable, et la couche n'est rien moins que moelleuse , car elle ne se compose que d'un peu de paille jetée sur le plancher , mais c'est encore un palais auprès de ce que nous avons quitté.

Les derniers jours surtout de notre séjour aux Perches, la situation était des plus misérables. Nous avions dressé nos tentes dans l'intérieur de la redoute, et le temps, qui nous avait favorisé jusquelà , s'étant mis à la pluie , nous avons été inondés pendant trois jours. La dernière nuit surtout , le vent s'étant mis de la partie, il nous fut impossible d'avoir un instant de repos. La terre , détrempée, laissait échapper les piquets qui soutenaient nos tentes , et nous étions obligés de rester accroupis sur la paille mouillée et de faire tous nos efforts pour retenir le frêle abri qui nous garantissait un peu des intempéries du Ciel et qu'un vent impétueux menaçait à chaque instant de nous enlever. Croiriez-vous que nous avions encore le courage de rire de notre situation, à la fois comique et dramatique, il est vrai ?

Le lendemain, cependant, nous apprîmes avec un indicible plaisir qu'après une promenade militaire que nous allions faire dans la matinée jusqu'au village de Bessoncourt , nous serions installés à la caserne de cavalerie qui est notre demeure actuelle.

Ce n'était vraiment pas trop tôt, car les maux de reins et les rhumatismes commençaient à nous assaillir.

Je ne vous ai pas encore dit, je crois, que nous avons échangé nos lourds fusils à piston contre de légères tabatières Snider, au canon bronzé, portant à 950 mètres.

Nous les avons essayées hier à la cible. Elles portent très-juste.

Sur deux balles que nous avons envoyées à trois cents mètres, j'ai eu la satisfaction d'en mettre une dans la cible.

Le mauvais temps continue toujours, et le froid devient de plus en plus intense.

Je ne sais si c'est le temps qui en est cause, mais j'éprouve un malaise par tout le corps depuis deux jours.

J'espère qu'il n'y paraîtra plus la prochaine fois que je vous écrirai.

HUIT JOURS A L'HOPITAL

—

Belfort, le 31 octobre.

Cher ami, c'est en sortant de l'hôpital que je vous écris.

Le malaise que je ressentais depuis quelques jours et qui se composait de maux de têtes, frissons, etc., s'est terminé par l'éruption de quelques boutons de variole qui ont nécessité mon entrée à l'hôpital militaire, le 23 octobre.

Je n'y suis resté que huit jours, pendant lesquels j'ai cependant pu m'initier à la vie d'hôpital.

Puisque vous désirez connaître toutes les vicissitudes du soldat, je crois vous être agréable en vous donnant quelques détails à ce sujet.

Ce dont j'ai le plus souffert à l'hôpital, c'est de l'isolement; car, sauf la visite du docteur qui a lieu le matin à huit heures et le soir à trois heures , on est à peu près sans distraction aucune , à moins que des camarades charitables ne viennent causer un instant avec vous.

Malheureusement il est assez difficile d'obtenir une permission pour visiter un malade atteint de la variole, à cause de la contagion du mal.

Je me suis donc considérablement ennuyé pendant ces huit jours de repos forcé , ce qui prouve que je n'étais pas gravement malade , car une maladie sérieuse occupe généralement celui qui en est gratifié.

La question la plus grave pour un convalescent comme moi , jouissant d'un excellent appétit , est, sans contredit, celle du régime économique de l'hôpital.

C'est un curieux spectacle à voir que la physionomie des malades quand les infirmiers font la distribution des vivres.

Le pauvre diable qu'on met à la diète ou qui n'a qu'un maigre bouillon, regarde d'un œil d'envie le voisin plus heureux à qui l'on sert une portion, non-seulement à cause de la portion qu'il convoite, mais aussi parce qu'elle est un signe de l'amélioration de l'état du malade.

La gradation des mets est , en effet, le véritable thermomètre qui indique le degré de la maladie ; et , à ce titre , je crois que vous lirez avec plaisir le menu ordinaire de l'hôpital.

Il me semble encore entendre l'infirmier de visite criant :

N° 1 — Diète.

N° 2 — Bouillon.

Nᵉ 3 — Potage et pruneaux.

N° 4 — Demi-portion , œuf à la coque , une de vin (6 centilitres !).

N° 5 — Une portion , viande et légumes , deux de vin.

N° 6 — Deux portions , viande , légumes , trois de vin.

Voilà le plus haut point où l'appétit d'un malade puisse atteindre, et encore n'y reste-t-il qu'un jour, car le second jour on s'empresse d'expédier le convalescent qui coûterait sans doute trop à l'établissement. (Pensez donc , dix-huit centilitres de vin par repas ! ! !)

Et puis, le flot des arrivants pousse toujours, et il faut faire de la place à ceux qui arrivent.......

. . . .

Nous venons d'apprendre la funeste capitulation de Metz.

Tout le monde en est indigné.

Cette lettre est peut - être la dernière que vous recevrez de moi, car nous craignons maintenant sérieusement d'être assiégés par une partie de l'armée allemande, rendue disponible par cette fatale capitulation.

Une colonne prussienne a déjà occupé le village de Thann, après avoir eu un petit engagement avec des francs-tireurs.

Ecrivez-moi toujours.

LE SIÉGE DE BELFORT

JOURNAL D'UN MOBILE

—◦◦◦—

10 novembre 1870.

Toute correspondance nous est interdite. Les Prussiens sont autour de nous.

Le 2 novembre , le 1er bataillon des mobiles du Rhône , 16e régiment de marche , les a arrêtés un instant à Roppe , mais il a dû se replier devant des forces supérieures ainsi que les divers corps qui occupaient les villages voisins , et les Prussiens ont occupé presque en même temps les villages de Roppe, Bessoncourt, Chèvremont, Vèzelois et Sèvenans où ils commencent à faire des retranchements. C'est

2

dans ce dernier village qu'ils ont établi leur quartier général.

Une autre colonne ennemie a tourné le grand Salbert et occupe Châlonvillars, Essert, et plusieurs autres villages.

Les troupes ennemies occupent encore des villages éloignés de 10 à 12 kilomètres et forment ainsi autour de la ville un deuxième cercle concentrique destiné sans doute à garantir la première ligne des attaques extérieures.

Depuis l'investissement de la place nous sommes consignés dans nos quartiers.

SORTIE DE BESSONCOURT

18 novembre.

Quelques légères escarmouches ont seules signalé l'investissement, pendant les dix à douze premiers jours. Rien n'est changé dans la physionomie de la ville et on pourrait se croire en temps ordinaire si la voix imposante du canon de nos forts ne nous indiquait la présence de l'ennemi.

Ce qui nous la fait aussi cruellement sentir c'est la rupture des communications. A peine sommes-nous assiégés depuis quinze jours, et déjà il est impossible de se procurer du fromage , du chocolat, du beurre. Le sucre se paye déjà 3 fr. le kilog., et dans quelques jours il n'y en aura plus à aucun prix. Le sel même commence à devenir rare.

Heureux ceux d'entre nous qui ont eu la précaution de se munir d'argent, car il est à peu près certain qu'on ne pourra plus en recevoir désormais.

Le 15 novembre nous avons fait notre première sortie :

A une heure du matin on fait prendre les armes aux troupes casernées à la citadelle, aux forts de la Justice et de la Miotte , au nombre de 1,500 environ.

La colonne se met en marche à trois heures du matin et se dirige, dans le plus profond silence, sur le village de Bessoncourt , à 5 kilomètres nord-est, afin d'y surprendre l'ennemi et de le déloger de ses positions. Nous avions avec nous deux pièces de campagne.

Notre petite troupe se déploie, au point du jour, de chaque côté de la route, sur la lisière d'un petit bois, que la 8ᵉ compagnie du Rhône qui sert d'avant-garde est en train d'explorer.

Arrivés à l'extrémité du bois, nous apercevons devant nous, à deux cents pas environ, une longue tranchée barrant la route. Nous avançons en silence et nous recevons le coup de feu d'une sentinelle prussienne qui nous a aperçus. La fusillade s'engage alors de part et d'autre, avec vigueur.

Soutenus par nos deux pièces de campagne et surtout par les canons des forts des Hautes-Perches, de la Justice et de la Miotte qui envoient leurs obus dans le village, nous avançons résolument.

Nous étions si près des lignes prussiennes que du bataillon de la Haute-Saône auquel nous servions d'éclaireurs, quelques coups de feu furent dirigés sur nous, au début de l'affaire

Les ténèbres de la nuit s'étant un peu dissipées, l'attaque générale commença des deux côtés de la route et nous arrivâmes jusqu'auprès des retranchements prussiens. Mais le commandant Lanoir, des mobiles de la Haute-Saône ayant été atteint mortellement d'une balle à la tête, ainsi que deux capitaines, le bataillon recula en désordre et la retraite fut sonnée.

Une compagnie du 84ᵉ de ligne étant venue renforcer la colonne, l'on se reforma et l'on marcha une seconde fois en avant.

Mais de précieux instants avaient été perdus et les Prussiens qui avaient reçu des renforts considérables des villages voisins avaient en outre placé, pendant ce temps, des mitrailleuses qui semèrent la mort et le désordre dans nos rangs.

Nous risquions également d'être enveloppés, car les uhlans commençaient à tourner le bois. La retraite fut ordonnée, et c'est en rampant à plat ventre au milieu d'une grêle de balles que nous regagnâmes l'extrémité du bois où nous étions à l'abri de ces projectiles. La colonne se reforma sur la route et s'arrêta quelques instants près de Pérouse. A chaque instant des fuyards sortaient des bois où ils s'étaient mis à l'abri et regagnaient la colonne. Pendant ce temps on pansait les blessés. A neuf ou dix heures, les troupes rentraient dans leurs casernements. Le combat avait duré trois heures environ, de six à neuf.

Bien que nous fussions à découvert et que les

Prussiens fussent cachés dans leurs tranchées, nous avons lieu de croire que leurs pertes sont plus considérables que les nôtres, grâce surtout au feu bien dirigé de nos forts.

Les nôtres sont cependant assez sensibles, car on parle tout bas d'une trentaine de blessés et d'une soixantaine d'hommes disparus, tués ou prisonniers. Dans ma compagnie seulement, composée de cinquante hommes, douze manquent à l'appel.

COMBATS AUTOUR DU SALBERT

24 novembre.

Le 22, nos mobiles du 1er bataillon du Rhône, campés au Mont et au Salbert ont eu une assez vive escarmouche avec une colonne prussienne qui tournait la montagne pour aller à Valdoie.

Le 23, à la tombée de la nuit, une forte colonne ennemie, déployée en fer à cheval, a tenté de surprendre les troupes campées sur le versant du Salbert et du Mont. Ces troupes, en trop petit nombre, engagèrent une vive fusillade et se replièrent en bon ordre sur le fort des Barres, pendant que les canons de ce fort et ceux de l'Espérance et du Château ne cessaient de tirer sur les villages d'Essert et de Valdoie, occupés par les ennemis.

Des fenêtres du Château nous regardions les phases du combat.

La ligne dè bataille s'étendait du village d'Essert à celui de Valdoie, sur une étendue de quatre à cinq kilomètres. Sur toute la lisière du bois la fusillade était engagée et nous apercevions comme des éclairs les lueurs des coups de feu. C'est de là que nous vîmes nos troupes attaquées des deux côtés se replier sur le village de Cravanche et finalement sur le fort des Barres, après deux ou trois heures de combat.

Toute la nuit les Prussiens ont occupé Cravanche et le Mont, mais ils n'ont pas dù y être en repos, car une vive canonnade a été dirigée sur ces points. Plusieurs maisons sont incendiées au Valdoie, à Cravanche et à Essert. Nous avons aperçu cette nuit les sinistres lueurs de ces incendies.

Depuis l'investissement les obus des Perches ont allumé aussi plusieurs fois l'incendie à Vézelois et à Sévenans, siége du quartier général prussien.

Ce matin, 24, nous avons repris l'offensive au point du jour et nous sommes parvenus à déloger l'ennemi du Mont; mais ce n'a pas été pour longtemps; il est revenu en force et nous avons dû nous retirer sous les forts de Bellevue et des Barres. Mais les Prussiens, à leur tour, ont été obligés d'évacuer le Mont, car il était devenu le point de mire des canons de nos forts qui ont fait pleuvoir sur tous ses points une grêle d'obus.

Ce soir, à trois heures, nos troupes sont retournées à Cravanche et ont trouvé ce village complètement désert.

C'est alors que nous avons assisté à un essai de bombardement tenté par l'ennemi, du côté de Valdoie.

Déjà ce matin ils avaient fait une première tentative. Plusieurs d'entre nous postés à une des fenêtres du Château s'amusaient à examiner avec une longue vue les alentours de la ville, quand des obus ennemis vinrent tomber en avant de la Forge. La batterie qui nous envoyait ces projectiles était placée sur la lisière d'un bois situé en arrière du village de Valdoie. Les Prussiens en ont été pour leurs frais, car la portée de leurs pièces ne leur a pas permis d'atteindre la ville. Tous leurs obus sont venus tomber dans la Savoureuse dont ils soulevaient l'eau en gerbes ou dans le pré qu'elle traverse.

Ce soir, leur batterie est adossée à la forêt de l'Arsot, un peu plus rapprochée que ce matin. Elle n'a pas obtenu néanmoins plus de résultat contre la ville, car les obus éclataient au Champ de Mars et près du cimetière, mais elle a réussi à mettre le feu à une maison de Cravanche.

Nos canons viennent d'avoir aussi facilement raison de cette nouvelle batterie que de celle de ce matin. Ce soir, comme ce matin, les pièces ennemies ont été démontées par les habiles pointeurs de nos grosses pièces, et plusieurs artilleurs ont été mis hors de combat, s'il faut en croire plusieurs personnes qui, munies d'une longue vue, disent les avoir vus tomber.

Ces deux vaines tentatives doivent édifier l'ennemi sur la difficulté d'un bombardement qu'il a hâte de commencer.

Les journées des 25, 26, 27, 28, 29 et 30 n'ont été signalées que par quelques escarmouches à Bavilliers, à Essert et à Sévenans.

Nos pièces de gros calibre n'ont cessé de tonner sur Essert , Bavilliers , et parfois sur Valdoie , afin d'empêcher l'ennemi d'exécuter ses travaux de siége.

ESCARMOUCHE DE BELLEVUE

1er décembre.

Cette nuit nous avons été réveillés par le bruit de la fusillade. Il pouvait être dix ou onze heures.

Les lueurs des coups de feu sillonnaient la nuit obscure comme autant d'éclairs. Le plateau de Bellevue en était illuminé.

Bientôt le grondement du canon s'ajouta au crépitement de la fusillade.

Puis une lueur immense embrasa tout à coup l'horizon : la ferme de Bellevue brûlait !

Les obus ennemis attisaient sans cesse l'incendie;
et d'autres obus venaient éclater au pied du château
Juster dont la masse noire se dessinait sur la hauteur. Les hauts cyprès qui l'entouraient apparais-
saient comme des géants aux sinistres lueurs de l'incendie. Le spectacle était grandiose et lugubre ! Et
la fusillade , qui cessait par intervalles , recommen-
çait ensuite avec la même intensité. Ne sachant trop
à quel nombre d'ennemis on avait affaire, on nous
fit mettre sous les armes et on nous dirigea vers le
lieu de l'action.

Après avoir traversé la ville dont les ponts levis
s'abaissaient devant nous, et après avoir longé le fort
des Barres , nous arrivâmes devant la gare du chemin de fer où nous sommes restés en observation
presque toute la nuit.

Pendant notre trajet, la fusillade avait complètement cessé ; la canonnade seule continuait toujours.
Néanmoins , craignant une nouvelle attaque , nous
avons battu la semelle sur le pavé jusqu'à trois heures du matin.

La plupart d'entre nous, qui n'avaient pas eu le
temps de se vêtir entièrement , ont enduré toutes
les rigueurs du froid pendant cette nuit que nous
avons passée à la belle étoile.

Aujourd'hui, le théâtre de l'échauffourée de cette nuit a changé d'aspect :

L'incendie a complètement cessé, mais il ne reste guère que les quatre murs des bâtiments de Bellevue.

Le château Juster n'a pas eu grand mal ; mais les cyprès qui l'avoisinaient ont disparu comme par enchantement.

L'affaire n'a pas été aussi sérieuse qu'on l'aurait d'abord cru.

Voici ce qui s'est passé :

Une compagnie d'éclaireurs ayant attaqué les avant postes ennemis pour les harceler, les Prussiens, croyant à une attaque sérieuse, mirent aussitôt en position une batterie de campagne qui engagea la canonnade. C'est ce qui a donné au combat des proportions considérables, et ce qui a décidé le gouverneur de la citadelle à nous envoyer à la gare.

LE BOMBARDEMENT

---

3 décembre.

L'ennemi est parvenu à placer des batteries de
siége en avant du village d'Essert. La ville a reçu
ce matin les premiers obus de ces batteries.

Des fenêtres du château nous regardons éclater
les projectiles dont les uns balayent la tranchée qui
longe l'hôpital militaire du faubourg, et les autres,
l'arsenal, situé au pied de la citadelle. Des éclats
qui parviennent jusqu'aux fenêtres du château où
nous nous trouvons, nous montrent le danger que
nous courons. En effet, le tir ennemi s'élevant peu
à peu, les projectiles frappent maintenant en plein
le roc qui supporte le château, et les murs du château lui-même.

Heureusement que nous avons blindé ces murs
avec deux ou trois rangées de sacs de farine qui a-

mortiraient considérablement le choc du projectile s'il venait à s'engouffrer dans la fenêtre, ce qui est assez difficile, vu la situation des pièces ennemies qui prennent le château en biais.

Quand les premiers obus ennemis sont tombés dans la ville, il y a eu une véritable panique : soldats, femmes, enfants, chacun regagnait son gîte au plus vite. Les boutiquiers effrayés mettaient la devanture de leurs magasins et fermaient leurs portes. Les rues, naguère pleines de monde, vidées en un clin d'œil, offrent le spectacle d'une ville déserte.

Si quelques rares passants se hasardent encore dans les rues, ce n'est qu'en courant à toute vitesse, et non sans trébucher à chaque sifflement d'un projectile.

La panique a régné aussi un moment ce matin, au château. Quand les batteries ennemies ont ouvert leur feu, presque tous les artilleurs étaient en corvée.

Aussitôt des mobiles de bonne volonté ont pris la place des artilleurs absents, et, bien que novices dans le métier, les pièces se chargeaient et se rechargeaient avec célérité pour renvoyer aux Prussiens obus pour obus.

QUINZE JOURS A BELLEVUE

10 décembre

Le 5 , les quatre compagnies du 3ᵉ bataillon du Rhône qui étaient au château ont été appelées à la défense du fort de Bellevue.

Ce n'est pas sans danger et surtout sans frayeur que nous sommes parvenus à notre poste , car il nous a fallu traverser le faubourg de France , actiment bombardé par l'ennemi. A chaque instant un obus arrivait en sifflant et s'abattait sur les toits des maisons qui s'effondraient avec fracas et encombraient la rue de tuiles et de boiseries.

Depuis six jours que nous sommes à Bellevue, je n'ai encore pu jouir d'un seul instant de repos, ni le jour ni la nuit. C'est à peine si nous pouvons sommeiller trois ou quatre heures par nuit , car il nous faut travailler sans relâche à la construction de casemates, si nous voulons nous garantir des intempéries de la saison , et des projectiles de l'ennemi.

Les bâtiments de Bellevue ayant été brûlés en grande partie dans l'escarmouche du 30 novembre, nous n'avons trouvé d'habitable qu'une aile de bâtiment un peu moins maltraitée que les autres, mais qui ne peut manquer d'avoir le même sort dans peu de temps. Déjà le toit est criblé d'ouvertures et je ne sais par quel bonheur la maison est encore debout. Heureusement que les Prussiens ne tirent guère sur le fort, à moins que les canons de celui-ci ne commencent l'attaque.

Le jour , ceux d'entre nous qui ne sont pas de corvée ou de garde s'occupent à déblayer les caves des bâtiments incendiés , et à fixer les poutres qui doivent soutenir les toits de nos casemates.

La nuit, ceux qui travaillent au fort exécutent les travaux dans les endroits les plus exposés à la vue de l'ennemi , pendant que d'autres vont à la gare, arracher sur la voie , les rails et les traverses destinées à former le plafond de nos abris.

Ce travail est peut-être le plus pénible de tous pour la plupart d'entre nous, peu habitués aux travaux de la terre, et surtout de la terre gelée à cinquante centimètres de profondeur.

Heureusement que nos casemates seront bientôt terminées! J'espère que dans deux jours nous pourrons enfin goûter une nuit entière de repos.

Hier soir, 9 décembre, à huit heures, nous avons eu une légère escarmouche sur le rempart.

Une reconnaissance prussienne égarée dans la neige et forte d'environ deux cents hommes est venue donner tête baissée sur notre fort. Arrêtée par le *Qui vive ?* de nos sentinelles, la colonne ennemie a répondu par une vive fusillade, tout en cherchant à se tirer de cette passe dangereuse.

Si, dans cette occasion, nous avions eu des chefs capables à notre tête, la reconnaissance ennemie eût été faite prisonnière tout entière, car, embarrassés dans les fils de fer qui entourent le fort, les Prussiens n'auraient pas eu le temps de fuir.

Mais une confusion regrettable s'est produite, au début de l'affaire. Parmi nos chefs, les uns criaient: Tirez ! d'autres : Ne tirez pas, ce sont des nôtres ! Grâce à cette confusion produite par l'inexpérience de nos officiers, les ennemis ont pu se retirer presque sans perte : trois des leurs seulement ont été tués , et trois autres , légèrement blessés , ont été faits prisonniers.

Ce matin, nous avons été voir, au château Juster, les cadavres des ennemis tués dans l'affaire d'hier; tous les trois ont été frappés à la tête.

Hier et Aujourd'hui nous avons aussi entendu la fusillade dans les bois d'Offemont. Ce sont nos mobiles du 1er bataillon qui harcèlent sans cesse l'ennemi et qui lui font éprouver des pertes assez sensibles.

Les Prussiens travaillent, depuis quelques jours, à construire une tranchée avancée que nous voyons distinctement.

Nos canons crachent à mitraille chaque nuit sur cet ouvrage, et nos éclaireurs inquiètent également les travailleurs.

GARE LA BOMBE !

12 décembre.

Je viens de monter la garde sur le rempart. La nuit a été assez calme , mais le service est réellement écrasant et se fait avec une irrégularité désespérante.

Au lieu de relever les sentinelles au moins de deux heures en deux heures, on nous laisse en faction quatre, six et même sept heures consécutives, au milieu de la neige, grâce à l'inertie de nos chefs qui ne s'occupent que d'eux-mêmes. J'ai vu un de mes camarades , engourdi par le froid , pouvant à peine se traîner pour regagner sa casemate , après six heures de faction.

Pendant ces longues heures passées sur le rempart j'ai été témoin d'un spectacle touchant :

Six Prussiens , portant le drapeau blanc à croix rouge de l'Internationale sont venus enlever un mort et un blessé de leur tranchée avancée. Ils se sont rencontrés à mi - chemin , dans la neige , avec quelques-uns de nos éclaireurs dont le poste est à cent pas du leur, qui venaient aussi enlever un des leurs, mort la veille à sa place de combat. Ces hommes, appelés peut-être à se tirer des coups de fusil dans un instant, se sont fraternellement serré la main.

Ce tableau touchant m'a ému et attristé, car je n'ai pu le considérer sans songer à ce fléau qu'on appelle la guerre, qui oblige des hommes étrangers les uns aux autres, amis quelquefois, à s'entre-détruire pour le caprice d'un seul homme, instrument exécré de la justice de Dieu qui châtie les peuples par la main des tyrans.

L'ennemi nous a donné dans cette circonstance une preuve de son indélicatesse. A peine les éclaireurs qui venaient de relever le cadavre de leur camarade étaient-ils rentrés à leur poste, que les Prussiens ont envoyé leurs obus sur la maison.

Par représailles, les canons de la citadelle ont aussi envoyé des obus sur le poste prussien et dans le bois qui l'environne.

La physionomie du fort est toujours la même. C'est toujours un va et vient continuel de mobiles portant des poutres, charriant des décombres et du fumier pour blinder les endroits faibles de nos casemates. Ce sont toujours nos sentinelles guettant, sur le rempart, les batteries ennemies établies à douze cents ou quinze cents mètres environ, et faisant entendre le même cri strident : Gare la bombe!! chaque fois qu'elles aperçoivent la fumée des canons ennemis. Enfin c'est toujours auprès de nos cuisines en plein vent, abritées derrière un pan de mur, que les travailleurs viennent prendre un moment de repos.

14 décembre.

Hier, à une heure de l'après-midi, comme je cherchais à me reposer de ma nuit de faction, on crie : Aux armes ! Nous courons au rempart, croyant que l'ennemi, favorisé par un brouillard épais, tentait l'assaut de notre fort.

Pendant deux heures une grêle d'obus a passé au-dessus de nous avec une rapidité effrayante, pendant que la fusillade éclatait, moins imposante mais plus terrible, à quelque distance du fort, sept ou huit cents mètres environ, à en juger par la force des balles perdues qui passaient au-dessus de nos têtes avec un petit sifflement sinistre.

Nous avons stationné sur le rempart jusqu'à la nuit , au milieu d'un brouillard de plus en plus intense, saluant au passage les obus qui passaient par trop près de nos têtes , et écoutant avec anxiété la fusillade qui se rapprochait et s'éloignait alternativement de nous.

Voici l'explication de ce qui venait de se passer:

Une attaque générale sur Bavilliers avait été ordonnée par M. le colonel Denfert , notre commandant de place.

Trois colonnes des nôtres , partant de Danjoutin et de la gare, avaient attaqué simultanément les positions de l'ennemi, et étaient parvenues à le déloger du bois qu'il occupait sur la hauteur située en avant du village de Bavilliers , ce dont cinquante hommes intrépides , commandés par un officier, s'étaient assurés en faisant le tour du bois.

Malheureusement il en a été de cet avantage comme de tous ceux que nous avons remportés jusqu'ici : nous n'avons pu en profiter. La garnison de Belfort n'étant pas assez nombreuse pour qu'on puisse en détacher la moindre partie, nous n'avons pu conserver la position enlevée à l'ennemi, et celui-ci l'a de nouveau occupée, ce matin.

A six heures du soir , la fusillade avait cessé depuis près de deux heures. Cependant comme on craignait un retour offensif de l'ennemi, nous reçûmes l'ordre de rester à nos places et de n'aller manger la soupe que dix par dix, afin de ne pas dégarnir le rempart.

Sur les huit heures , nous avons regagné nos casemates , pendant qu'une compagnie tout entière veillait ; mais nous n'avons toutefois pu reposer en paix , car la fusillade ayant éclaté à trois reprises différentes , pendant la nuit , nous avons dû , par trois fois, courir aux armes.

C'est que l'ennemi, profitant de ce que nos troupes étaient principalement portées du côté de Bavilliers , s'est avancé vers Danjoutin et est revenu trois fois à la charge, dans la nuit, pour surprendre nos troupes.

Nous venons d'apprendre que nos avant-postes de Danjoutin sont au pouvoir de l'ennemi.

Le fort de Bellevue n'a heureusement pas été attaqué et nous n'avons pas tiré un coup de fusil ; mais je suis rentré harassé de fatigue , glacé , avec une toux persistante qui me déchire la poitrine.

Le brouillard persiste toujours et la pluie tombe, amenant le dégel et la boue.

18 décembre.

Les journées des 14, 15, 16 et 17 se sont passées pour nous sans que nous ayons eu une seule alerte ; seulement nous avons reçu à profusion des bombes qui éclatent à chaque instant dans la cour et en rendent le passage dangereux.

Ce qui restait debout des maisons qui nous servaient de refuge s'est écroulé avec fracas , et nous sommes réduits à ne plus bouger de nos sombres casemates où nous avons de la peine à nous tenir debout. Nous souffrons surtout de ne pouvoir étirer nos membres endoloris.

Le bombardement devient de plus en plus violent contre la ville et les forts , tandis qu'il a complètement cessé contre le faubourg de France.

Les obus pleuvent littéralement sur la porte de France dont le passage est très-périlleux.

Presque toutes les maisons de la ville sont atteintes par les projectiles. Néanmoins presque tous les magasins sont encore ouverts , mais on n'y trouve plus guère de provisions.

A LA CAVE !

22 décembre.

Le 19, après quatorze jours de séjour à Bellevue, nous avons enfin reçu l'ordre de décamper pour aller nous loger dans les maisons avoisinant la gare. Nous sommes installés dans une cave un peu moins obscure que nos casemates de Bellevue, et dans laquelle nous sommes un peu plus à l'aise. Depuis que nous sommes ici nous avons nettoyé nos armes et nos vêtements, qui en avaient grand besoin!....

La nuit dernière, nous avons vu passer une compagnie d'éclaireurs qui allait harceler l'ennemi entre Essert et Bavilliers.

Le service que nous faisons maintenant est moins pénible que celui de Bellevue, bien que nous montions la garde chaque jour.

Nous sommes également beaucoup moins exposés, car le tir ennemi n'est pas dirigé sur notre habitation.

25 décembre.

C'est aujourd'hui Noël !

Nous avons été doublement tristes , hier au soir en mangeant notre maigre potage ; car nous n'avons pu nous empêcher de penser à nos familles.

L'année dernière , à pareille heure , pensions-nous, nous prenions notre repas au milieu de toute la famille réunie : c'était alors un jour de fête et de consolation. Cette année la France est en deuil et nos familles sont, comme nous, dans la tristesse!

Nous avons aussi pensé , cette nuit , à ces malheureuses familles de Belfort qui sont dans la misère, et nous avons fait une collecte à leur profit.

Le bruit se répand que les Prussiens ont refusé de laisser sortir les femmes et les enfants de la ville!

Pauvres femmes ! pauvres petits enfants !.....
C'est vraiment pitoyable de les voir exposés à un bombardement qui devient de jour en jour plus furieux.

Quand est - ce que nous verrons la fin de toutes ces horreurs ?

Les bruits les plus contradictoires courent en ville ; mais on ne sait rien de positif du dehors.

27 décembre.

Nous avons encore une fois changé de logement. Cette fois - ci nous avons fixé nos pénates dans les magnifiques appartements d'une maison du faubourg, où nous jouissons d'un bien inestimable, la lumière. Nous avons installé un petit poële dans notre chambre, et nous faisons de temps à autre quelque petit *frichti*, pour remplacer la soupe de lard, que nous trouvons immangeable.

Les obus nous laissent parfaitement tranquilles ici, bien que l'ennemi ait établi de nouvelles batteries à Andelnan et à Vezelois, en dégarnissant un peu Essert.

1er janvier 1871.

L'année 1870 s'est écoulée, et la guerre continue toujours, terrible, implacable ; et le sang coule toujours à torrents dans la France ravagée, saccagée par un ennemi sans pitié........ Dieu fasse que l'année qui commence soit plus heureuse pour nos armes que celle qui vient de s'écouler ! Dieu fasse surtout que cette lutte fratricide entre deux peuples se termine promptement ! Tels sont les souhaits que nous exprimons en ce jour.

Pour chasser la mélancolie qui s'est emparée de nous à la pensée de ne pouvoir embrasser nos familles, en ce jour où tout le monde échange des poignées de main et de joyeux souhaits, nous apprêtons le *rata* traditionnel que l'Administration veut bien arroser d'un demi-litre de vin (par homme), que nous trouvons excellent à cause de sa rareté.

Mais les rires de quelques-uns ne trouvent pas d'écho, et le repas est triste et silencieux.

Un ballon est parti ces jours derniers emportant une quantité considérable de billets. Puisse-t-il tomber entre les mains de Français et porter de nos nouvelles à nos familles alarmées.

7 janvier.

Les obus recommencent à tomber dans le faubourg. Notre demeure a été effleurée.

Je viens d'accomplir aujourd'hui la plus triste

corvée qu'il soit possible d'accomplir : celle d'ense-
velir un mort. Nous avons travaillé quatre ou cinq
heures , moi et cinq camarades pour creuser une
fosse au pied du château Juster, pendant que la mitraille pleuvait à côté de nous. Quelle tristesse vous
saisit à l'aspect de ces sépultures perdues au fond
d'un vallon. Quelques croix de bois au milieu de la
neige indiquent seules que des victimes de la guerre
reposent sous ce linceul glacé.

Le bombardement a été aujourd'hui plus violent
et plus meurtrier qu'il n'avait jamais été.

Une nouvelle batterie a été établie en arrière de
Danjoutin , et elle fait pleuvoir sur la citadelle et
sur la ville , non - seulement des obus ordinaires,
mais des obus à balles ou *shrapnells* , et d'énormes
obus de 0^m55 de hauteur sur 0^m22 de diamètre, et
d'un poids de 78 kilog.

Quel effroyable engin faut - il que l'ennemi ait à
sa disposition pour nous lancer de pareilles masses
de fonte ? C'est effrayant ! !

Aussi les victimes ont été fort nombreuses aujourd'hui. On estime à quarante, tant militaires que
civils , le nombre des personnes qui ont été atteintes dans cette terrible journée.

De graves événements se sont produits sous nos murs cette nuit.

Nous avons été réveillés par le son du clairon sonnant la générale.

En même temps que les Prussiens faisaient pleuvoir une grêle d'obus et de mitraille sur la citadelle, ils avaient attaqué nos positions de Danjoutin, refoulé nos grand'gardes, et enveloppé le village dont la garnison, quoique bloquée, se défendait énergiquement.

Quelques compagnies de mobiles envoyées au secours de Danjoutin n'ont pu avancer, car la route était littéralement balayée par une batterie ennemie. Ces compagnies ont donc été forcées de reculer après avoir perdu plusieurs hommes. Néanmoins la garnison de Danjoutin, forte d'environ huit cents hommes, s'est défendue énergiquement pendant treize heures, et ce n'est qu'à une heure de l'après-midi, qu'elle a été forcée de se rendre.

On estime à cent cinquante le nombre des hommes mis hors de combat de notre côté.

La prise de Danjoutin nous a fortement impressionnés.

9 janvier.

Une bonne nouvelle vient aujourd'hui ranimer notre courage un peu abattu par la perte de Danjoutin.

Depuis plusieurs jours déjà on parlait d'une armée qui se formait à Lyon et qui était destinée à débloquer Belfort et à couper la retraite et les communications aux Prussiens ; mais personne n'ajoutait foi à ces bruits. Aujourd'hui notre gouverneur nous donne comme officiel que le général Bressoles marche sur Belfort avec 40,000 hommes, ainsi que le général Bourbaki, avec 120,000.

Quelques personnes disent même avoir entendu le canon dans la direction de Montbéliard.

« Courage donc, vaillants défenseurs de Belfort, ajoute le colonel Denfert en terminant, dans sept à huit jours l'ennemi sera loin de nos murs ! »

Nous souhaitons sincèrement que la confiance de notre commandant de place ne soit pas trompée ;

mais la majorité de la troupe ne la partage pas, témoin ce lambeau de conversation saisi entre deux mobiles :

— Eh bien , que penses-tu de l'armée de secours ?

— Ne me casse donc pas la tête avec ton armée de secours.

— Mais enfin qu'en penses-tu ?

— C'est une colle.

— Pour nous faire prendre patience ; c'est aussi mon opinion.

Une bonne partie de la troupe croit , en effet, que ce n'est que pour atténuer l'effet produit par la prise de Danjoutin que cette prétendue armée de secours nous est annoncée.

14 janvier.

Hier soir, comme nous revenions de grand'garde de Bellevue, la compagnie a reçu l'ordre de monter au Château.

Nous voilà donc revenus dans le logement que nous occupions il y a deux mois.

Mais quel changement !

Les murailles à demi démolies encombrent la cour qu'on ne traverse qu'à la course , car d'énormes obus de 78 kilog. que nous appelons des *enfants de troupe* , y font sans cesse de nouveaux ravages.

A chaque instant le son de la corne avertit les passants de se garer , ce qui n'est guère facile , attendu que les projectiles arrivent de plusieurs directions opposées.

Le journal d'aujourd'hui nous apprend que l'armée de secours a remporté une victoire à Villersexel, le 9.

On se reprend à espérer ; mais les incrédules conservent encore des doutes. Néanmoins le moral est un peu relevé, et tout le monde attend avec impatience les événements.

15 janvier.

Hurrah ! hurrah ! ! prêtons l'oreille.........
Quel est ce bruit sourd et lointain semblable à un roulement souterrain ?..........

Il n'y a plus à s'y tromper , les plus incrédules croient maintenant : c'est la voix du canon, du canon de la France qui vient à notre secours !

Le cœur palpitant de joie et d'espérance , nous écoutons ce grondement lointain qui semble se rapprocher insensiblement.

Nos cœurs volent déjà vers nos libérateurs, vers ces frères d'armes dont la venue nous était annoncée depuis si longtemps. Pauvres frères ! comme ils ont dû souffrir pour arriver jusqu'à nous, au milieu des neiges amoncelées sur les montagnes du Jura et du Doubs! Ah ! qu'ils viennent, qu'ils viennent vite nous délivrer, et nous, à notre tour, nous tâcherons de leur faire oublier leurs souffrances, par les soins empressés que nous leur donnerons.

La terrible bataille qui vient de s'engager a dû commencer vers Héricourt.

La ligne de bataille paraît s'étendre beaucoup à l'ouest, derrière Châlonvilars.

Ce n'est guère qu'à dix heures que nous avons entendu les premiers coups de canon que l'on ne percevait encore qu'indistinctement. Mais à deux heures la canonnade s'est rapprochée. A trois heures, trois heures et demie, c'est un roulement con-

tinu et parfaitement distinct. On peut même distin-
guer, à quatre heures, quatre heures un quart, le
crépitement d'une fusillade fortement nourrie et le
bruit de crécelles des mitrailleuses. C'est un vacarme infernal qui dure jusqu'à cinq heures. A cinq
heures et demie, le bruit diminue sensiblement et
semble s'éloigner. Le calme est complètement réta-
bli, à six heures.

Une vive anxiété s'empare de nous.

L'armée libératrice aurait-elle été vaincue ?...

Mais non, cela ne peut pas être.

La nuit seule aura empêché notre valeureuse armée de poursuivre sa route. Demain, sans doute,
nous serons débloqués !

Ce qui vient surtout confirmer nos espérances
c'est que, tout à coup, la citadelle s'ébranle : toutes les bouches à feu qui sont en batterie tonnent à
la fois et à blanc, avec un vacarme effroyable ; ce ne
peut être qu'en signe de réjouissance.

A sept heures, tout a repris sa physionomie habituelle. Les Prussiens, qui nous avaient laissé presque en repos pendant l'après-dînée, recommencent
à nous envoyer des obus, comme si de rien n'était.

16 janvier.

La nuit a été calme.

Quelques fusillades lointaines entendues par les sentinelles prouvent que les armées sont toujours en présence.

Neuf heures. — La fusillade recommence, entremêlée de quelques coups de canon, mais elle est beaucoup plus faible qu'hier.

Deux heures. — La canonnade a vigoureusement repris depuis une heure, mais, de nouveau, elle semble s'éloigner.

Nous sommes dans la plus grande perplexité.

En ce moment la fusillade éclate, mais sous nos yeux. C'est un bataillon de la Haute-Saône et trois compagnies du 3e bataillon du Rhône qui exécutent une reconnaissance sur les batteries d'Essert. Nos mobiles, déployés en tirailleurs, se sont avancés très-près des retranchements ennemis, mais une batterie prussienne les crible de mitraille à bout portant, et ils sont obligés de reculer devant cette grêle de projectiles qui leur fait essuyer des pertes sensibles.

Trois heures. — La compagnie la plus maltraitée dans cette affaire est, paraît-il, la 4ᵉ compagnie
du Rhône, qui a eu son capitaine, M. Salé, capitaine
depuis ce matin seulement, tué et presque tous ses
sous-officiers blessés.

Le bruit de la bataille résonne toujours dans le
lointain , mais le lieu de l'action semble toujours
s'éloigner.

A quatre heures , la canonnade devient très-vive
et paraît se rapprocher un peu ; mais elle ne dure
pas longtemps, et elle cesse vers cinq heures et demie.

En somme , l'action a été beaucoup moins vive
aujourd'hui que hier. L'aile droite de notre armée
semble avoir été repoussée, tandis que l'aile gauche
paraît avoir gagné du terrain.

Les espérances sont moins vives à la fin de cette
seconde journée de lutte qu'elles ne l'étaient hier.
L'anxiété gagne tous les esprits. Chaque heure nous
paraît une journée , chaque jour nous paraît un
siècle.

Cette nuit, la fusillade a éclaté à divers intervalles ; à cinq heures elle a recommencé sur une assez grande étendue.

En ce moment, neuf heures et demie environ, l'action paraît engagée avec vigueur du côté de Châlonvillars.

A dix heures et demie, la canonnade paraît si rapprochée, que le bruit court que notre armée s'est emparée de Châlonvillars. Ce n'est malheureusement pas vrai, ainsi qu'ont pu s'en assurer plusieurs personnes. Tout au contraire, le bruit de la bataille s'est affaibli tout à coup et est à peine perceptible à onze heures et demie.

A une heure le silence est complet.

Peut-être est-ce l'effet de la neige, qui tombe depuis quelques heures, et du vent qui commence à souffler.

Espérons-le.

Nous percevons néanmoins vers deux heures une assez vive canonnade et quelques coups de mitrailleuses.

Malgré la direction du vent qui ne nous permet pas de saisir au juste toutes les phases du combat, nous sommes à peu près convaincus que le lieu de l'action s'éloigne sensiblement de nous , et que notre malheureuse armée est repoussée sur toute la ligne.

Nous apprendrons demain si nous devons encore espérer, ou si nous n'avons plus qu'à nous résigner à notre malheureux sort.

18 janvier.

As-tu entendu le canon ?

Telle est la question que tout le monde adresse aujourd'hui à ses camarades.

Malheureusement la réponse est invariablement négative.

Mais , aurait-on même entendu quelques roulements lointains, comme le disent quelques personnes , cela nous confirmerait dans l'idée que notre malheureuse armée est en retraite et qu'elle ne se bat plus que pour la protéger.

Les Prussiens veulent , paraît - il , rattraper le temps perdu. Aussi nous ont-ils envoyé aujourd'hui une grêle de projectiles.

Rien absolument à l'horizon. L'armée de secours s'est évanouie comme un songe.

Quelques personnes disent avoir entendu le canon dans la direction de la Suisse.

L'armée de l'Est est donc bien décidément repoussée, et il ne faut ajouter aucune créance aux bruits qui circulent en ville d'après lesquels Bourbaki serait dans les Vosges , et Bressoles attendrait du renfort près de Lure.

La voilà donc évanouie cette lueur d'espérance qui avait fait tressaillir nos cœurs pendant trois jours !

Pareils au naufragé qui voit s'échapper de ses mains la corde de salut , nous nous abandonnons au découragement et nous attendons avec anxiété le dénoûment de ce drame funèbre.

20 janvier.

La journée a été marquée par un affreux malheur : le tir violent de l'ennemi a réussi à faire sau-

ter une des poudrières de la citadelle. L'explosion
a été terrible , et vingt-six artilleurs ont trouvé la
mort ou de graves blessures sous les décombres é-
pars.

Le colonel Rochas s'est immédiatement trans-
porté sur le lieu du sinistre, et a fait transporter les
victimes à l'hôpital de l'Espérance.

Quel affreux spectacle que celui de tous ces corps
sanglants et mutilés, de ces membres épars au milieu des décombres !

Ce douloureux événement nous a plongés dans
la consternation et a redoublé notre abattement.

21 janvier

La journée d'hier, déjà si désastreuse, devait encore nous amener un nouveau désastre.

Dans la nuit de cette fatale journée du 20 , les
Prussiens ont attaqué le village de Pérouse , qu'ils
bombardaient depuis quelques jours déjà , et ont
réussi à s'en emparer, après quatre ou cinq heures
de combat.

La garnison a pu se retirer en bon ordre et n'a perdu qu'un petit nombre d'hommes.

Pérouse était le dernier village que nous occupions autour de Belfort.

Voilà donc l'ennemi en possession de tous nos avant-postes.

Quelle déception !

Le découragement le plus complet a succédé à l'espérance.

Le bombardement fait tous les jours de nouvelles victimes, et, ce qu'il y a de plus terrible, c'est que les médicaments manquent pour soigner les blessés.

On frémit à l'idée d'être blessé un peu grièvement !

Quelle horrible situation !

22 — 23 — 24 — 25 janvier.

Ce ne sont plus seulement des obus et des shrapnells que nos ennemis font pleuvoir sur la citadelle et sur la malheureuse cité : ils commencent à nous envoyer des bombes. Depuis longtemps déjà, les Barres, Bellevue et les deux Perches en sont gratifiés.

Le terrain de ces deux derniers forts est complètement labouré par ces projectiles, qui se succèdent avec une rapidité effrayante. On s'attend tous les jours à un assaut de ces deux forts.

26 janvier, dix heures du soir.

L'assaut que tout le monde redoutait vient d'avoir lieu, mais heureusement il n'a pas abouti, et de nombreux ennemis doivent avoir payé de leur vie cette tentative.

C'est à six heures et demie environ que l'attaque a eu lieu. J'étais en ce moment occupé à combler les énormes excavations produites sur le talus de la grande poudrière par les projectiles ennemis.

Les Prussiens ont attaqué simultanément les Hautes et les Basses Perches, pendant qu'ils faisaient pleuvoir sur la citadelle une véritable grêle d'obus et de shrapnells.

Les ennemis sont arrivés en poussant des hurrahs formidables jusque dans les fossés de nos redoutes, qu'ils avaient sans doute l'intention de cerner. Mais presque tous ont trouvé la mort dans ces fossés.

Le combat a duré environ deux heures, et il a été si acharné que, dans la tranchée qui relie les deux forts, une compagnie du génie s'est défendue avec des pelles et des pioches.

Au plus fort de l'action, deux cents Prussiens ont été faits prisonniers.

Les canons du fort de la Justice, qui prenaient en flanc les colonnes ennemies montant à l'assaut des Hautes Perches, ont aussi fait un mal considérable à l'ennemi.

La première attaque ayant été victorieusement repoussée, la forte colonne de réserve des ennemis n'a pas eu la velléité de recommencer l'assaut.

Tout le monde s'est vaillamment conduit dans cette affaire qui sera certainement la plus glorieuse page de l'histoire du siége de Belfort.

27 janvier.

Ce matin, quand le jour est venu éclairer le champ de bataille, nous avons couru aux remparts et nous avons aperçu, derrière la tranchée qui relie les deux forts des Perches, une longue ligne de cadavres qui tachaient la blancheur de la neige. Les pertes de l'ennemi doivent être considérables , car un armistice a été conclu pour enlever les morts, et , pendant deux laborieuses heures , la garnison des forts des Perches a été occupée à ce travail qu'elle avait déjà essayé de commencer dans la journée, sous le feu de l'ennemi.

Dans l'attaque des Perches, les Prussiens se sont encore servis d'une ruse qui leur est habituelle, mais qui est trop ancienne maintenant pour qu'on s'y laisse prendre :

— Qui vive ? — Camarades , répondent-ils ? — Quel régiment ? — 45me. — Quelle compagnie ? — 5me. — Quel est le nom du capitaine ? — Je ne sais pas. Feu ! s'écrie alors l'intrépide sergent du 45me qui avait posé les questions précédentes.

Voilà comment on accueille maintenant les fourberies de l'ennemi ! Qu'il se le tienne pour dit, et qu'il soit bien persuadé que nous ne nous laisserons jamais prendre à ces ruses grossières, indignes d'un loyal ennemi.

L'heureux résultat de l'affaire des Perches avait un moment fait diversion aux événements extérieurs.

Nous voici retombés dans nos tristes préoccupations.

Jamais la situation de la France n'a été aussi déplorable. La fatale retraite de Bourbaki, dont l'armée se trouve violemment rejetée en Suisse, prive la France de sa dernière armée.

Paris, le centre de la civilisation et des arts, indignement bombardé depuis quelque temps déjà, par les vandales qui l'assiégent, ne peut tarder de succomber. Il serait à désirer qu'un traité de paix intervînt, pendant qu'il en est temps encore, afin d'éviter à la France l'humiliation de voir, comme en 1815, sa capitale envahie par un ennemi implacable !

Mais non ! j'ai bien peur qu'il ne faille boire le calice d'amertume jusqu'à la lie !...........

31 janvier.

Rien de nouveau depuis trois jours. Le bombardement se poursuit toujours avec une activité incroyable, et les batteries ennemies sont maintenant si rapprochées qu'il est presque impossible d'éviter le danger.

A la grâce de Dieu ! disons-nous. Ce qui ne nous empêche pas de nous servir de la souplesse de nos jambes.

A quoi sert de courir ? nous écrions-nous parfois quand nous voyons un camarade arriver essoufflé, hors d'haleine d'une corvée quelconque.

— A quoi sert de courir ?... Vous êtes bons, vous autres ! Je voudrais bien vous voir quand les obus arrivent sur vos talons : je suis persuadé que vous ne regardez pas derrière vous , et que vous vous empressez de jouer des jambes, comme les camarades.

— La frayeur ne raisonne pas , en effet , et le plus résolu ne peut s'empêcher de profiter de la vitesse de ses jambes, bien qu'il se dise en lui-même qu'il peut aussi bien être atteint quelques mètres plus loin.

— Et puis, il faut convenir d'une chose très-vraie : c'est que moins on reste exposé au danger, moins on risque d'*écopper* (expression tirée du vocabulaire de Guignol). Voilà pourquoi je suis partisan du *tirage des pieds, à triple pression.*

— (En chœur !) Bravo ! pour l'orateur !! !!

— J'avoue, pour ma part, que j'adopte pleinement le mode de locomotion patroné par notre camarade, avec une élégance de style dont je suis émerveillé, et que je n'ai jamais eu plus de frayeur que ce matin, quand les pains que je portais dans ma couverture ont eu la velléité d'aller se *ballader* dans la boue, juste à l'entrée de la grande voûte, c'est-à-dire à l'endroit le plus dangereux peut-être du château.

— Je crois bien !... il y avait de quoi !

— Je suis sûr que tu n'as pas perdu de temps à ramasser tes pains, car *ça rapplique* joliment en cet endroit.

— Je t'assure bien que non, et j'ai eu grand besoin de ma ration d'eau de vie pour me remettre un peu de l'émotion que cela m'avait causée, car juste au moment où j'achevais ma besogne, *l'enfant de troupe* est venu taper contre l'angle de la poudrière, et je n'ai eu que le temps de me jeter contre la table qui se trouve sous la petite voûte.

— Tu l'as échappé belle ; mais je l'ai encore échappé plus belle que toi. Il est vrai que ma situation n'était pas aussi dramatique que la tienne, mais n'importe.

— Raconte toujours.

— C'était à Bellevue, le jour de notre arrivée. J'étais occupé avec un camarade à creuser une casemate provisoire afin de nous y blottir comme des taupes pendant une nuit ou deux, quand, tout à coup, sans avoir conscience de ce mouvement, je me suis trouvé étendu la face contre terre. Mes oreilles bourdonnaient et, en me relevant, j'aperçus mon camarade qui saignait abondamment du nez.

— Es-tu blessé ? lui demandai-je.

— Non ; la secousse m'a seulement fait piquer le nez contre une poutre. Mais où est passé ton képi ?

Je m'aperçus seulement alors que je me trouvais tête nue, et je cherchai mon couvre-chef qui gisait à cinq à six pas de moi, sans la moindre égratignure.

4

Un obus en passant au dessus de nos têtes avait produit ce bizarre effet.

— De plus fort en plus fort !

Mais aucun de vous ne s'est encore trouvé dans une situation aussi critique que la mienne. Vous ne vous êtes jamais trouvé, j'en suis sûr, au milieu de cinq obus éclatant à la fois autour de vous ?

C'est pourtant ce qui m'est arrivé à côté de la barrière de la porte de France. Un obus éclate à deux mètres de moi : je me jette à plat ventre et je me relevais quand un second , puis un troisième, un quatrième et enfin un cinquième obus éclatent, à droite, à gauche, en avant, en arrière ; c'était une véritable grêle ; je me suis cru perdu. J'en ai heureusement été quitte pour la peur.

— Toujours de plus fort en plus fort !

— Allons, messieurs, à qui le tour ?

Qui demande la parole ?

Qui monte à la tribune ?.....

Personne ne dit mot ?..... La séance est levée.

Et voilà comment on réussissait parfois à abréger les heures de la journée et à chasser les préoccupations.

2 février.

Le bruit court en ville qu'un armistice aurait été conclu entre les armées belligérantes et que Paris aurait capitulé.

Bien que nous ne soyons que trop portés à accueillir les mauvaises nouvelles, nous hésitons à admettre celle-ci, qui nous paraît être répandue par les Prussiens pour démoraliser les troupes et les habitants de notre malheureuse ville.

Malheureuse, en effet, l'inoffensive cité, car les bombes font des ravages terribles dans ses murs.

Il n'est pas une seule habitation qui ne soit maltraitée ; beaucoup menacent ruine et ne tiennent que par miracle.

Vienne le dégel et elles s'effondreront, ensevelissant peut-être sous leurs décombres d'innocentes victimes de la férocité prussienne.

La situation des forts des Perches est également pitoyable : les fossés sont à demi comblés, les remparts à moitié démolis et l'intérieur tellement fouillé par les bombes qu'on risque à chaque instant de trébucher.

Depuis leur échec sur ces forts, les Prussiens redoublent de rage et les criblent littéralement de bombes. La nuit , elles se succèdent avec une rapidité effrayante , trois, quatre, cinq à la fois. Le ciel est émaillé des fusées lumineuses qu'elles tracent dans leur course : c'est un véritable feu d'artifice.

Les tranchées ennemies sont à une si faible distance des Perches , que la fusillade ne discontinue pas de toute la nuit. Seulement, comme de part et d'autre les tirailleurs sont garantis par des épaulements ou des tranchées , les pertes sont peu considérables. Cet exercice de tir contribue à réchauffer un peu les pauvres soldats qui vont passer la nuit dans ces tranchées boueuses.

Nous ne pouvons vraiment pas nous figurer comment font les Prussiens pour amener sur les lieux l'énorme quantité de projectiles qu'ils nous envoient journellement.

Si l'on considère que, malgré la neige et la boue, ils amènent quotidiennement de Mulhouse de cinq à six mille projectiles , pesant en moyenne plus de quarante kilogrammes, on est bien forcé de reconnaître leur ténacité , leurs ressources et leur bonne administration.

Ce qu'il y a de vraiment affligeant dans notre situation militaire, c'est que la Place ne peut répondre à l'ennemi, faute de munitions suffisantes.

Habituellement, quand une place a épuisé ses munitions, elle se rend.

Notre commandant supérieur, le colonel Denfert, ne l'entend pas ainsi.

Quand il a vu que les obus s'épuisaient, il a arrêté le tir de la Place, et il ne gratifie plus les Prussiens d'un seul obus, se réservant de les leur prodiguer à l'occasion, ce dont ils ont pu se convaincre, quand ils ont tenté l'assaut des Perches.

La citadelle est donc restée muette pendant quelque temps; mais elle n'a pas tardé à tonner de nouveau.

On a placé en batterie des pièces lisses, et la citadelle envoie aux Prussiens des boulets ronds qui doivent les faire rire. Mais, si nos boulets ne font guère de mal à l'ennemi, ils doivent du moins lui montrer que nous sommes résolus à nous défendre jusqu'à la dernière extrémité.

Voilà comment le colonel Denfert a le talent de ménager ses munitions et de continuer la résistance de la place.

Gloire donc au patriotique colonel Denfert !

On lui reproche généralement de ne pas prodiguer ses visites , car, si je ne me trompe , on ne l'a pas aperçu au Château depuis le premier jour de bombardement , c'est-à-dire depuis soixante - deux jours. Mais , outre qu'il est fort bien secondé à la citadelle par notre lieutenant - colonel Rochas s'acquittant de sa tâche à la satisfaction générale , il a peut-être encore des raisons que nous ne. connaissons pas pour en agir ainsi.

Pour ma part , je ne lui reproche qu'une chose : c'est de ne pas nous avoir fait goûter plus tôt le vin de l'Administration, que nous recevons depuis deux ou trois jours seulement.

A mon avis , un peu de vin aurait évité bien des maladies et nous eût été plus nécessaire en décembre et en janvier , alors que le froid engourdissait nos membres.

A part ces légères observations , dont je suis sûr que le colonel Denfert ne se formalisera pas , je lui donne mes éloges les plus sincères pour sa patriotique conduite.

Le bruit de la capitulation de Paris et celui d'un armistice ont tellement pris de la consistance ces jours-ci, que le commandant supérieur a envoyé demander au général prussien l'autorisation d'envoyer un officier d'état-major en Suisse pour s'assurer de la réalité de ces bruits, et le cas échéant, demander des instructions au Gouvernement de Bordeaux.

Le parlementaire ayant apporté une réponse favorable du camp prussien, nous avons lieu de croire que les bruits de capitulation et d'armistice sont fondés ; car, si c'était un mensonge inventé par l'ennemi, il se serait bien gardé de nous donner le moyen de le contrôler.

En attendant, le bombardement continue ses ravages. Plusieurs maisons du Fourneau sont en flammes à l'heure qu'il est, et on vient à peine d'éteindre un incendie allumé au théâtre par une bombe incendiaire.

8 février.

Les deux plus beaux fleurons de la couronne de Belfort sont entre les mains de l'ennemi : les deux forts des Perches viennent d'être occupés, sans combat, par les Prussiens.

Depuis deux jours déjà ces forts avaient été abandonnés, la position étant intenable ; les canons en avaient été enlevés ou encloués, et une compagnie seule occupait chacun de ces forts, pour faire croire à l'ennemi que rien n'était changé dans leur situation. La ruse aurait pu tromper l'ennemi encore quelque temps. Malheureusement quelques jeunes soldats alsaciens du 45me ayant déserté, ont dû instruire les Prussiens de la situation véritable de ces forts, et c'est sans doute ce qui nous vaut la douleur de les voir en leur possession.

Bien que n'ayant pas eu d'assaut à livrer pour faire cette conquête, l'ennemi a dû éprouver des pertes sérieuses, car à peine les Prussiens étaient-ils installés dans ces forts, que les canons de la citadelle les en ont fait déguerpir, et nos obus ont réussi à faire sauter la poudrière des Hautes Perches, près de laquelle se trouvait un groupe considérable d'ennemis.

Ils se tiennent maintenant prudemment derrière les fossés, et ne se hasardent guère, le jour, à rester dans l'intérieur des redoutes.

9 février.

Le parlementaire envoyé en Suisse n'est pas encore de retour. Nous savons néanmoins que Paris a bien réellement capitulé, et qu'un armistice de vingt et un jours a été conclu, afin de procéder à l'élection d'une assemblée nationale.

Mais l'armée de l'Est est privée du bénéfice de cet armistice, et nous devons continuer à nous battre, pendant que le reste de la France est en paix !

Ainsi donc, voici la situation :

Les armées prussiennes occupent un tiers de notre territoire ; la capitale de la France est en leur pouvoir ; nos armées prisonnières ou désorganisées ne peuvent continuer, avec la moindre chance de succès, une lutte par trop inégale qui ne servirait qu'à compléter la ruine de notre pays.

Au milieu de ce délabrement général , Belfort, du milieu de ses ruines , tient encore l'ennemi en respect et porte haut et ferme le drapeau national.

Et l'ennemi implacable refuse de faire participer cette noble cité à la paix universelle.

Le colonel Denfert vient de faire demander au général Treskow une suspension d'hostilités , dans un but d'humanité.

L'humanité ! est-ce qu'ils la connaissent, nos orgueilleux ennemis ? Pour eux , c'est un vain mot. Attendons néanmoins avant de juger en dernier ressort.....................

10 février.

Alea jacta est ! Le sort en est jeté ! Il faut que la ville soit à nous ! a dit l'orgueilleux Allemand.

— Eh bien, venez la prendre !

Peut-être croyez-vous qu'après avoir défendu héroïquement la ville pendant plus de trois mois, nous allons avoir la lâcheté de vous la rendre, alors que quelques jours seulement nous séparent peut-être de la paix !

Si c'est là ce que vous avez pensé , détrompez-vous. Ce n'est pas une armée aguerrie qui défend cette ville contre laquelle vous avez épuisé votre rage ; non, ce ne sont pour la plupart que des mobiles qui composent sa garnison , de ces petits mobiles que vous avez l'habitude de traiter si cavalièrement, et c'est sans doute ce qui vous rend encore plus furieux contre l'inoffensive cité. Mais cette armée improvisée est commandée par un chef dont vous avez pu apprécier les sentiments patriotiques , et elle connaît ses obligations ; elle sait que la France entière a les yeux sur elle ; elle sait aussi qu'elle doit sauvegarder jusqu'à la fin l'honneur de la patrie. Soyez donc certains, Messieurs les Allemands , que nous n'obéirons pas à vos stupides sommations.

Pareils à l'équipage du *Vengeur* , nous saurons, s'il le faut , mourir jusqu'au dernier à notre poste de combat , afin de conserver à la France le seul bien que vous n'ayez pu lui ravir : l'honneur de ses soldats, le courage de ses enfants.

Oui, au milieu de ses désastres, la France pourra du moins dire comme François Ier, après la bataille de Pavie :

Tout est perdu , fors l'honneur !

Nous saurons donc nous résigner au malheureux sort qui nous est fait , et nous ne laisserons échapper qu'un cri :

Lyon ! Lyon ! s'il faut mourir sans te revoir, reçois les adieux de tes enfants et prépare - leur des vengeurs !...

....

....

M. Grosjean , le préfet du Haut-Rhin , est parti aujourd'hui , pour se rendre à Bordeaux , en qualité de député à l'Assemblée nationale.

12 février.

C'est aujourd'hui que doit se réunir l'Assemblée.

Que décidera-t-elle, en ce qui nous concerne, et quand pourrons-nous connaître sa décision ?

Voilà ce que tout le monde se demande.

Les périls augmentent chaque jour, au Château, par suite du rapprochement des batteries ennemies et de leur nombre toujours croissant.

Hier, le pont-levis qui se trouve à l'entrée de la grande voûte a été coupé par les obus , et on l'a remplacé par deux poutres qui ont déjà été enlevées deux fois. Pour éviter ce passage périlleux, on est obligé de descendre dans les fossés et de traverser un assez long espace encombré de blocs de pierre détachés des remparts.

Le dégel, qui commence, va rendre la circulation difficile en ville , car de temps en temps une cheminée tombe ou un pan de mur s'éboule. Les voûtes supérieures du château sont crevassées et menacent de s'effondrer. L'étage supérieur est évacué depuis longtemps.

Gare la danse, quand les Prussiens auront établi des batteries derrière les deux forts des Perches et et que tous ces canons tonneront à la fois !

13 février.

Nos angoisses sont toujours les mêmes. Nous attendons avec une impatience fiévreuse des nouvelles de Bordeaux. Quand arriveront-elles ?

Le bombardement se poursuit toujours vigoureusement. Les Prussiens ne nous envoient plus seu-

lement des obus et des bombes ; des Hautes Perches, ils nous envoient aussi des balles, sans se dé-
ranger le moins du monde. Je crois même que ce
sont des balles explosibles , car on les entend ré-
sonner contre les remparts avec un petit bruit sec.
Je n'oserais cependant l'affirmer ; ce n'est qu'un
doute que j'exprime , mais la conduite de l'ennemi
durant cette campagne , ne prête que trop à des
suppositions de ce genre.

A six heures du soir, un bruit vague circule : on
parle de l'extension de l'armistice à l'armée de Belfort.

Si c'était vrai !

Mais non ! le canon tonne toujours. Nos artilleurs viennent même de recevoir l'ordre de tirer à
volonté sur les Perches....................
Tout à coup, vers sept heures , les détonations cessent des deux côtés.

O bonheur ! la nouvelle serait-elle vraie ?

Un armistice serait-il bien réellement conclu ?...

Nous n'osons encore l'espérer, et cependant voici
plus d'une heure que la grande voix du canon ne
s'est pas fait entendre.

Une joie folle s'empare de tous les cœurs.

Malgré l'heure avancée , tout le monde descend en ville pour causer de la grande nouvelle avec les habitants.

Là , un spectacle des plus curieux s'offre à nos regards : hommes, femmes, enfants, tout le monde est dehors ; les femmes portent des fallots , les enfants gambadent, les hommes se frottent les mains: c'est une ivresse générale qui ne se calmera que fort avant dans la nuit.

Nous allons nous coucher tout joyeux ; mais nous avons encore certaines appréhensions : nous craignons de voir se réveiller la canonnade.

14 février.

La nuit s'est écoulée paisiblement. Les échos d'alentour n'ont pas été réveillés par la moindre détonation.

O jour trois fois heureux !

Nous pourrons donc revoir notre pays, notre famille, nos amis !

Nous nous embrassons , nous dansons , nous

sommes fous de joie, car voici l'affiche qu'on vient d'apposer à la Mairie :

« Au général Treskow, commandant les troupes devant Belfort.

Le gouvernement français me transmet pour le commandant de Belfort le télégramme suivant, que je vous prie de communiquer par parlementaire :

Le commandant de Belfort est autorisé, vu les circonstances, à consentir à la reddition de la place.

La garnison sortira avec les honneurs de la guerre et emportera les archives de la place ; elle ralliera le poste français le plus voisin.

Pour le ministre des affaires étrangères,
ERNEST PICARD,
Signé : BISMARCK.

Pour copie conforme :
DENFERT. »

Une suspension d'armes provisoire a été immédiatement stipulée.

Un officier d'état-major vient d'être envoyé à Bâle, pour obtenir la confirmation directe de cette dépêche, par le Gouvernement français.

Ainsi donc, il n'y a plus de crainte à avoir.

Nous sortirons vivants de ce Belfort, qui aurait pu devenir notre tombeau, comme il est devenu celui de beaucoup de nos camarades.

15 février

Quelle physionomie offre maintenant la ville !

Quel changement depuis deux jours !

Les rues naguère désertes sont maintenant encombrées d'une foule avide de contempler à loisir et sans crainte les ravages causés par le bombardement.

Il y a deux jours à peine, on ne traversait les rues qu'à la course et le corps plié pour ainsi dire en deux ; maintenant on marche à pas comptés et le front haut ; mais, par un reste d'habitude, on marche de préférence en rasant les maisons, et il en est beaucoup même qui ne manquent jamais de passer sous les blindages, comme si les bombes tombaient encore dans la ville. Je suis sûr que si un plaisant faisait retentir la corne du Château, la

plupart de nous se cacheraient encore par un mouvement instinctif.

Nous avons tous fait une remarque curieuse :
pendant le bombardement , il était assez rare de
rencontrer en ville un officier ; aujourd'hui que les
obus ne tombent plus , on ne voit que cela dans les
rues ; il en sort de partout , et ces messieurs font
les crânes et se dandinent sur la place.

Paradez , messieurs les Officiers ; montrez vos
costumes élégants , messieurs de l'Intendance , de
l'Etat-major et autres : il y a longtemps que vous
n'avez pu vous donner ce plaisir. Pour nous , sim-
ples *moblots* , nous nous faisons gloire de nos vêtements boueux, graisseux, déguenillés, de nos costumes disparates et de nos visages blêmes.......
....

16 février.

La citadelle offre encore un spectacle plus curieux que la ville.

Toute la journée les remparts sont garnis de curieux qui viennent comparer la fière citadelle qu'ils ont vue il y a quatre mois , à la citadelle en ruines qui s'offre maintenant à leurs yeux.

Mais ces remparts à demi - démolis , ces fossés remplis de décombres n'en sont que plus majestueux !. . . . .

Chacun veut parcourir ces lieux ; chacun veut contempler les glorieuses blessures de la citadelle.

Nous ne sommes pas les seuls à les regarder ainsi. Les Prussiens , eux aussi , contemplent les ravages qu'ils ont faits. Disséminés sur les hauteurs des Perches, ils passent la journée à regarder cette citadelle imposante qu'ils n'ont pas osé attaquer, et paraissent aussi heureux en songeant qu'ils y pénétreront prochainement , que nous le sommes en songeant à notre prochain départ.

C'est probablement demain que nous quitterons la ville.

Notre musique , reconstituée , s'exerce afin de donner un peu de pompe à notre départ.

Durant les trois jours d'armistice qui viennent de s'écouler, plusieurs de nos soldats ont fraternisé avec les soldats prussiens. Il est même arrivé une assez drôle aventure à un jeune homme de la compagnie. Poussé par la curiosité , il voulut visiter le village de Valdoie que les Prussiens avaient occupé, mais qu'il croyait abandonné. Il arriva en effet sans encombre dans le village , et les sentinelles prussiennes ne s'opposèrent pas à son passage. Mais il n'en fut pas de même quand il voulut revenir à Belfort. Il fut conduit au poste prussien où il resta quelques heures. Un officier allemand auquel il raconta son aventure le fit relâcher vers les huit heures. Mais il était dit qu'il ne pourrait dormir en paix cette nuit-là : arrivé à l'avant-poste français , il fut arrêté et conduit au fort des Barres où il passa la nuit au poste . . . .

. . . .

La dépêche affichée avant - hier est confirmée par le Gouvernement français. En conséquence, la reddition de la ville a été consentie , ainsi que nous l'apprend la proclamation du colonel Denfert, commandant supérieur de la place.

A TRAVERS
LES LIGNES PRUSSIENNES

17 février 1871.

Nous avons dit adieu, ce matin, à la cité qui nous a retenus prisonniers dans ses murs pendant cent huit longs jours.

Après une halte de plus de deux heures dans le faubourg de France, nous nous sommes mis en marche, à une heure de l'après-midi, pour traverser les lignes ennemies. Nous avons rencontré la première sentinelle prussienne à l'extrémité de la gare. C'est là que le général de Treskow a assisté au défilé du 3ᵉ bataillon. A Danjoutin, nous avons remarqué, en passant, les batteries prussiennes, et à Bavilliers, nous avons fait une petite halte au milieu des Allemands.

Nous avons remarqué avec plaisir que ces messieurs sont gras et frais ; mais on le serait à moins, car les habitants nous ont dit qu'il faut à ces voraces Germains , quelque chose comme un kilogramme de viande et trois quarts de kilogramme de lard, par jour.

Ces messieurs nous ont offert des cigares à notre passage, et nous sommes arrivés à Héricourt, à quatre heures.

La réception la plus enthousiaste nous a été faite dans cette petite ville. Nos hôtes nous comblent de prévenances, et nous ont servi un copieux repas que nous avons arrosé de bonnes bouteilles de vin vieux échappées aux recherches des Prussiens.

Les habitants nous parlent beaucoup de Bourbaki et de la bataille qu'il a livrée devant leur ville, les 15, 16 et 17 janvier.

Selon eux, la victoire aurait été assurée à l'armée française , si Bourbaki avait vigoureusement poursuivi l'offensive, le troisième jour. Ils nous assurent que l'armée prussienne se préparait à la retraite, le soir du second jour de lutte, et que de nombreuses pièces de canon étaient, ce jour-là, dirigées sur Belfort.

En somme, les habitants d'Héricourt en veulent à Bourbaki de n'avoir pas su poursuivre une victoire qui leur paraissait certaine.

2me ÉTAPE. — **MANCENANS.**

18 février.

A notre départ d'Héricourt, nous avons été salués par des bravos et par des bouquets de fleurs qu'on nous envoyait des fenêtres. La généreuse et patriotique population de cette ville a ainsi mis le comble à ses bienfaits. Nous emporterons d'elle un souvenir impérissable.

C'est à l'Isle sur le Doubs que nous aurions dû

5

nous arrêter, mais nous avons dû faire encore une lieue, parce qu'il n'y avait pas de place pour nous.

Nous avons donc fait aujourd'hui vingt-six kilomètres, et nous sommes harassés de fatigue, car le fusil et le sac sont lourds pour des jambes comme les nôtres, peu habituées à la marche, et affaiblies par un long siége.

Nos hôtes profitent de notre passage pour retirer de leur cachette et les suspendre au-dessus de l'âtre, saucissons, jambons et lard fumé qu'ils ont pu soustraire à la gloutonnerie de messieurs les Prussiens, car, malgré l'armistice, ils n'ont pas confiance dans ces mangeurs de lard qui pourraient bien faire main basse sur ces dernières provisions.

3ᵐᵉ ÉTAPE. — SANCEY-LE-GRAND.

20 février.

De Mancenans nous avons dû revenir à l'Isle, pour nous diriger sur Sancey où nous sommes arrivés à deux heures. La chaleur nous avait accablés et nous eûmes de la peine à arriver. Heureusement nous séjournons ici : cela nous soulagera un peu.

Tous les villages que nous avons traversés jusqu'ici sont dépourvus des choses les plus essentielles, et c'est à peine si nous pouvons trouver un peu de vin et un morceau de pain à acheter. Tout le monde crie contre la rapacité des Prussiens qui, au dire des villageois, sont de véritables ogres et mangent avec une gloutonnerie sans pareille.

4me ÉTAPE. — **L'ABBAYE DE LA GRACE-DIEU.**

Nous partons de Sancey le 21 , et nous faisons vingt-cinq kilomètres sans faire de halte. Après une marche à travers bois , nous arrivons au sommet d'une montagne rocailleuse et nous apercevons dans un ravin entouré de hauteurs un vaste bâtiment surmonté d'un clocher. Le drapeau blanc à croix rouge de l'Internationale flotte sur l'édifice. C'est , nous dit-on, la célèbre abbaye de la Grâce-Dieu, renom-

mée pour la fabrication de la liqueur appelée Trap-
pistine.

A notre grande joie, notre compagnie s'arrête au
monastère pour y passer la nuit.

En attendant que les bons religieux nous prépa-
rent un confortable repas , nous allons visiter l'am-
bulance établie au couvent et qui renferme des soldats de l'armée de l'Est, ayant, pour la plupart, les
pieds gelés . . . .

Il y a , à quelque distance de l'abbaye , un site
curieux connu sous le nom de *glacières*. Messieurs
les officiers prussiens le savent parfaitement, paraît-
il , et nous les voyons arriver en calèche , au couvent. Ils n'ignorent pas non plus que les religieux
fabriquent une excellente liqueur, car je leur en vois
emporter une caisse de vingt-cinq bouteilles qu'ils
payent en bon or français.

Ces messieurs veulent bien nous apprendre que
l'armistice est prolongé jusqu'au 24 février ; ce qui
nous fait supposer que les préliminaires de la paix
ne sont pas encore définitivement fixés.

5me ÉTAPE. — **ORNANS.**

Nous avons quitté à regret l'abbaye ce matin au point du jour et nous sommes arrivés à Ornans accablés de fatigue.

Ornans est au fond d'un ravin pittoresque borné par de hautes collines couvertes de vignobles.

Nous en repartirons demain matin, mais non sans avoir goûté le vin de ses côteaux.

6me ET 7me ÉTAPES. — **SALINS.**

J'ai fait aujourd'hui une double étape et je ne me suis pas fatigué le moins du monde. Il est vrai que j'étais en voiture.

Quel luxe ! direz-vous, un troupier en voiture !

C'est un luxe en effet, et un luxe qui coûte cher, attendu que les chevaux sont excessivement rares.

Mais j'ai eu la chance de partager, à Ornans, mon billet de logement avec un vieux troupier dont la bourse est amplement garnie , et qui a bien voulu me faire profiter , ainsi qu'un troisième camarade, des agréments que lui procure son argent.

Au lieu de partir à six heures et à jeun, nous avons pris le temps de déjeuner et nous ne sommes partis qu'à neuf heures.

A dix kilomètres environ d'Ornans , à Châtrans, nous nous sommes arrêtés un instant et nous avons copieusement dîné.

Enfin , arrivés à Salins à la tombée de la nuit, nous venons de faire honneur à un souper délicieux qu'a daigné nous offrir notre excellent camarade.

Dans de pareilles conditions, je voyagerais volontiers toute l'année.

Salins, 24 février.

Nous avons profité de l'avance que nous avons prise sur la colonne pour visiter la ville.

Elle est dans une situation très-pittoresque, dans un ravin abrité par de hautes collines. Deux forts s'élèvent de chaque côté de la ville, sur des rocs inaccessibles.

Tout le monde sait que cette petite ville doit son

nom aux salines considérables qui se trouvent dans ses environs.

Nous apprenons avec satisfaction qu'il y a possibilité de faire parvenir des lettres par la Suisse.

Nous nous empressons d'écrire à nos familles, afin de les rassurer sur notre sort.

Dans quelles inquiétudes ne doivent - elles pas être ?

Quatre mois sans nouvelles !..............
.... Mais j'entends le clairon ! C'est notre bataillon qui arrive , ayant à sa tête le lieutenant-colonel Rochas. A notre grand regret, la colonne ne s'arrête pas à Salins. C'est à Marnoz que notre compagnie doit séjourner.

8me ÉTAPE. — CHAMPAGNOLE.

Nous devions continuer la route par Poligny, mais un contre-ordre de l'autorité prussienne nous a fait prendre le chemin de Champagnole.

C'est peut-être le pays le plus misérable que nous

ayons encore traversé, car les Allemands n'y ont rien laissé, et ce matin encore les habitants qui nous logent avaient pour hôtes deux ou quatre de ces messieurs, qui ont bien voulu nous céder la place pour un jour.

Quand est-ce donc que nous serons délivrés de la présence importune de ces Allemands à barbe rouge qui étalent au soleil leurs têtes carrés, leurs épaules trapues et leur raideur automatique, en fumant leurs affreux cigares, ou en aspirant flegmatiquement la fumée de leurs pipes en fayence ?......

Nous avons pour hôtes deux vieux bons hommes qui sont de vrais types à étudier.

Le premier, qui doit être le propriétaire de la masure qu'ils habitent, a l'air d'un bon montagnard et s'occupe avec une sollicitude toute particulière de faire cuire le morceau de viande qui nous a été distribué, en maugréant sans cesse contre le feu qui ne va pas assez vite à son gré. Nous sommes obligés de consoler ce brave homme dont la colère nous amuse et qui s'arracherait volontiers les cheveux, s'il en avait.

Le second, qui n'a, je crois, aucun lien de parenté avec le premier, et qui cependant vit avec lui et partage son lit, est spécialement chargé de ce que j'appellerai les *relations extérieures :* il est toujours en course, et il a fait trois voyages pour nous trouver un litre de vin.

Le voici enfin assis à côté de nous, et nous pouvons l'examiner tout à notre aise. Il est vêtu d'un pantalon *à grand pont,* d'un frac très-court orné de larges boutons de cuivre , d'un feutre graisseux, et porte des souliers qui ne doivent pas lui procurer des cors aux pieds , car ils sont d'une ampleur démesurée : ce sont de vrais bateaux.

C'est , paraît-il , un vieux troupier. Depuis une heure il nous raconte ses étapes , et il n'a pas ôté une seule fois son *brûle - gueule* de la bouche , pendant ce temps.

Malgré tout le plaisir que nous prenons à sa conversation , nous allons prier ces messieurs de nous indiquer notre couche , attendu que nous avons, demain , quelque chose comme trente - six kilomètres à faire et que nous avons grand besoin de nous reposer.

9me ÉTAPE. — **MOREZ.**

Voici bien l'étape la plus agréable qu'un touriste puisse faire !

De Champagnole à Morez on gravit de hautes montagnes d'un aspect très-pittoresque. De chaque côté de la route s'élèvent des roches ravinées et à pic, dans les fentes desquelles des sapins croissent comme par enchantement.

Pendant près d'une lieue, la route côtoie un frais ruisseau dont les eaux vertes roulent de cascade en cascade dans un lit rocailleux dont les bords sont couverts de gazon.

La sombre verdure des sapins tranchant sur la blancheur immaculée de la neige qui tapisse les flancs de ces monts, produit l'effet le plus saisissant et le plus grandiose.

Arrivé à Saint-Laurent, à neuf cent mètres environ d'élévation, on redescend la pente opposée de la montagne pour gagner la ville de Morez, située dans une gorge profonde, et on ne tarde pas à apercevoir les toits bleus de ses maisons.

L'unique rue de cette localité a plus de trois kilomètres de longueur.

On fabrique, à Morez, beaucoup d'horlogerie et des verres de lunettes.

Les habitants nous ont accueillis avec empressement et sans qu'il ait été besoin de distribuer des billets de logement.

10me ÉTAPE. — SAINT-CLAUDE.

Encore une étape pittoresque !

Au lieu de suivre la route qui fait des contours énormes, je me suis mis à gravir, en vrai touriste, les montagnes couvertes de neige qui surplombent au-dessus de Morez, et derrière lesquelles se trouve le fort des Rousses.

Après avoir mangé un morceau dans une auberge, sur la route, j'ai continué mon chemin assez gaillardement et je suis arrivé à Saint-Claude aussitôt que la colonne qui, cependant, était partie plus d'une heure avant moi.

Je me suis bien promis de ne plus suivre la colonne qui prend toujours les chemins les plus longs et qui est quelquefois obligée de revenir sur ses pas.

Saint-Claude est une jolie petite ville de huit à neuf mille habitants, dont 'industrie consiste dans la fabrication d'une foule de petits ouvrages en corne, en buis, en ivoire et en racine de bruyère.

Je me suis arrêté un bon moment à regarder tourner des pipes et des porte-cigares, et j'ai fait emplette de sept à huit sifflets et d'une pipe pour me rappeler mon passage à Saint-Claude.

Ces objets y sont d'un extrême bon marché.

Nous avons été fort bien reçus par les habitants.

Nous éprouverons demain une autre satisfaction : celle de voir nos conducteurs prussiens nous quitter avec leurs équipages. Il paraît que nous avons dépassé les lignes ennemies.

Une dépêche qu'on vient d'afficher annonce qu'on est d'accord sur les préliminaires de la paix et qu'il ne reste plus qu'à les faire ratifier par l'Assemblée nationale.

11me ÉTAPE. — **DORTANS.**

Arrivée à Dortans, ma compagnie a reçu des billets de logement pour un petit hameau situé sur la hauteur.

Neuf ou dix maisons composent le pauvre village où il n'y a aucune des ressources que nous désirerions y trouver, pour nous remettre un peu de nos fatigues.

Nous n'apercevons ni café , ni auberge , ni boucherie , ni boutique quelconque , et je doute fort que les habitants soient bien approvisionnés.

Quel triste repas nous allons faire !.....

En allant visiter la chapelle du hameau, nous remarquons sur le chemin pierreux une multitude de poules qui s'enfuient à notre approche.

Sauvés ! mon Dieu ! Sauvés ! ! !

Tel est le cri que je laisse échapper en apercevant les bienheureux volatiles.

Nous mangerons une poule !

Je suis encore logé avec l'excellent camarade qui m'a si généreusement traité à Ornans et à Salins. Il accepte avec joie la proposition et veut absolument payer le gallinacé. Nous allons donc nous mettre en quête d'une volaille........................

Je commence à croire qu'il nous sera assez difficile d'en trouver une, car les propriétaires ne veulent pas vendre leurs poules, sous le stupide prétexte qu'elles *font des œufs.*

La belle raison, vraiment !

C'est pourtant ce qu'on nous a répondu dans les trois maisons que nous avons déjà visitées. Dans cette dernière maison, la ménagère, voyant que nous la plaisantions sur son excuse, nous a pieusement fait observer que c'est aujourd'hui mercredi et quatre-temps.

Vous jugez si elle est tombée de Charybde en Scylla !

— Mais, ma bonne dame, vous plaisantez, avons-nous répondu ; parler de quatre-temps et de jeûne à des estomacs comme les nôtres, délabrés par un long siége, et mis en appétit par une longue marche !

— Ventre affamé n'a pas d'oreilles ! Au reste, puisque nous avons fait carême en carnaval, nous pouvons bien faire carnaval en carême !

Nous sommes donc parfaitement décidés à manger une poule, et nous la mangerons, dussions-nous brûler une cartouche pour l'avoir.........

. . . .

Une brave femme s'est enfin rendue à nos instances réitérées et nous a cédé une assez belle volaille moyennant 1^{fr} 75^c. Mais j'ai vu le moment où il nous fallait aller solliciter une dispense auprès de Monsieur le Curé.

Nous remettons triomphalement notre acquisition à notre hôtesse qui s'empresse de nous l'apprêter et qui nous offre, en attendant, une excellente soupe et une bonne friture de pommes de terre.

Nous allons donc faire un superbe repas, contrairement à nos premières prévisions.

12me ÉTAPE. — NANTUA.

Pour aller de Dortans à Nantua, on passe par Oyonnax, petite ville renommée pour la fabrication des peignes. C'est là que nous avons fait halte. On voit , à l'aspect du paysage , que nous avons enfin quitté le Jura.

Le beau lac de Nantua repose agréablement la vue de la sévère perspective des montagnes et des neiges.

Mais le charme que nous éprouvons à la vue de cette riante nature est bien tempéré par la nouvelle qu'on vient de nous apprendre. Au lieu de nous diriger directement sur Lyon, comme nous en avions l'espérance , nous devons aller à Grenoble où j'ai bien peur qu'on ne nous fasse faire encore une assez longue station.

Cela nous rend maussades.

13ᵐᵉ ÉTAPE. — BELLEGARDE—CULOZ.

Oh ! quel bonheur nous avons éprouvé , en arrivant à Bellegarde, à la vue d'une locomotive !

Nous avons tellement souffert de la fatigue pendant quinze journées de marche, que nous ne pouvons nous lasser d'écouter le son strident du sifflet

de la machine , qui semble nous appeler. Aussi a-
vons-nous fait gaillardement les vingt-quatre kilomètres qui nous séparaient de Bellegarde.

O puissance de l'esprit sur la matière ! Il n'y a-
vait pas de traînards aujourd'hui à la suite du bataillon ! On savait qu'à Bellegarde nous devions en-
fourcher le *grand cheval noir*, et chacun voulait arriver le premier, de peur de manquer le train.

Nous nous sommes arrêtés une heure environ à
Bellegarde , et nous avons profité de ce temps pour
déjeuner et pour aller voir la perte du Rhône.

Le train nous a ensuite conduits à Culoz , où
nous devons passer la nuit dans les wagons à bes-
tiaux qui nous ont amenés. Triste perspective !

Je préfère coucher dans la salle d'attente de la
gare , qui est mieux garantie contre les courants
d'air.

CHAMBÉRY.

4 mars.

Nous voici dans la capitale de la Savoie , et j'a-
voue que nous n'y avons pas reçu l'accueil auquel
nous devions nous attendre.

Pour ma part, j'ai reçu, avec trois de mes camarades, un billet de logement chez un riche avocat qui s'est généreusement empressé de nous envoyer tous les quatre à l'hôtel, d'après son dire.

L'hôtel ! grand Dieu !

Il appelle ce taudis infect l'hôtel, ce brave homme !

Figurez-vous une chambre sale, dégradée, sur le pavé de laquelle gît une mince couche d'une paille réduite à l'état de poussière !

Et cette paille infecte doit nous servir de lit ! Est-ce que par hasard les *beaux* jours du siége de Belfort recommenceraient pour nous ?

Oh ! non, monsieur l'avocat, vous allez nous loger décemment, ou nous nous implantons chez vous..

L'Harpagon savoyard nous a fait enfin procurer par sa domestique une chambre convenable dans une auberge ; mais nous avons été obligés de faire deux lieues de chemin pour obtenir ce résultat.

Il va sans dire que nous devons nous régaler avec les cinquante centimes que notre sergent-major nous a octroyés.

O Chambéry ! quel charmant souvenir nous garderons de tes charitables habitants !

Pourtant , faisant contre mauvaise fortune bon
cœur, nous avons encore eu le courage d'aller visiter la Tour attenante au château des ducs de Savoie,
du sommet de laquelle on distingue toute la ville.

———

PONTCHARRA.

5 mars.

Encore une station avant d'arriver à Grenoble !

Nous nous arrêtons à Pontcharra. Mais nous n'en
sommes pas fâchés , attendu qu'il pourrait bien se
faire qu'on nous y laissât jusqu'à notre licenciement qui ne peut se faire attendre bien longtemps.

Les habitants de Pontcharra, profitant des loisirs
du dimanche , sont venus à notre rencontre jusqu'à
la gare qui est éloignée de près d'un kilomètre du
village, ou de la *Ville,* comme disent pompeusement
les gens du pays.

Ils nous ont très-bien accueillis et nous ont fait
boire leur meilleur vin. Je suis logé aux Ages , moi
cinquième , chez un respectable propriétaire qui a

une excellente cave, ce qui me fait supposer qu'il a
un excellent cœur, car il ne ménage pas son vin.

8 mars.

Voici trois jours que nous sommes à Pontcharra,
et il est à peu près certain que nous attendrons ici
l'ordre de licenciement.

Le pays n'a rien de remarquable , mais il est assez riant. Il est situé dans une plaine traversée par
l'Isère et bordée de montagnes grises. Bien en face
du village, de l'autre côté de l'Isère , s'élève le fort
Barraux qui commande la route de Savoie.

Puisque notre séjour doit se prolonger ici quelque temps , nous avons pris nos mesures pour é-
gayer un peu les heures de la journée.

Le matin, à sept heures, nous étirons nonchalam-
ment les bras , nous bâillons deux ou trois fois et
nous finissons par sauter à bas du lit. Il est huit
heures quand nous avons terminé notre toilette.
C'est juste l'heure de manger la soupe , et nous
nous empressons d'avaler le bienfaisant potage ; a-
près quoi , mon ami Charles s'empare du fusil de

chasse du patron et je le suis à travers champs, portant la poudre et le plomb , et prêt à ramasser le gibier qui tombera sous les coups du chasseur.

Un peu avant onze heures , nous rentrons à la ferme ; nous donnons un coup de brosse à nos vêtements , et nous allons à Pontcharra répondre à l'appel de onze heures et demie.

Nous trouvons, au retour, le dîner tout servi, et nous prenons place à la table où est réunie l'excellente famille qui nous donne l'hospitalité.

Permettez-moi de vous la présenter :

Voici d'abord à la place d'honneur le chef de la famille , l'honorable M. Veillet , homme d'une humeur enjouée , et qui ne manque pas d'esprit. En face de lui, Mme Veillet, notre aimable hôtesse, tient sur ses genoux le petit Marius qui joue avec le chien de la maison. Le petit Jules est à côté d'elle. Deux domestiques occupent le haut de la table. Enfin n'oublions pas la servante, Ernestine, qui donne à manger aux deux chats, Pollux et Jupiter.

Le repas dure habituellement une heure, et nous faisons tous honneur aux fins petits plats préparés par notre habile hôtesse , et au bon vin que nous verse libéralement son mari.

La causerie s'engage un moment, après le dîner, et l'on tâche de ne pas trop s'ennuyer en attendant la nuit.

13 mars.

Une semaine s'est écoulée, et nous sommes toujours à Pontcharra !

Autant pour nous distraire que pour reconnaître les bontés de notre hôte, nous lui avons offert notre concours pour les travaux que nous sommes à même d'exécuter. C'est ainsi que l'autre jour nous avons parcouru les bords de l'Isère, en ramassant des branches d'osier, pendant que mon ami Charles, qui ne quitte pas le fusil, abattait trois ou quatre petits pieds qui, joints à ceux qu'il avait déjà tués, nous ont fait un petit plat d'extra que nous avons mangé hier, dimanche.

Nos distractions sont toujours peu nombreuses, surtout l'après-dînée.

Nous avons placé une balançoire sous le hangar, et nous nous laissons souvent emporter dans l'espace par ce léger appareil, qui nous rappelle le collége.

Quand la chaleur du jour est un peu tombée, nous allons ramasser de la chicorée sauvage , des dents de lion et des moutons gras, pour confectionner la salade du lendemain.

Réunis tous les cinq autour du poële avec la famille Veillet, en attendant l'heure de manger la réconfortante soupe de pâte , c'est à qui agacera le plus Ernestine et le chien, Augusta.

Cette pauvre Ernestine ! On ne cesse de la tourmenter !

Qui préfère-t-elle des cinq !.....

Il serait assez difficile de le deviner.

Pour ma part , je sais qu'elle a une dent toute particulière contre moi.

Pour quel motif ?... Je l'ignore.

Est-ce parce que je me suis quelquefois permis de prendre la taille à mademoiselle ?.......

Bah ! mais notre camarade, le brosseur, pousse l'audace encore plus loin , et il est vu de meilleur œil !

Je crois plutôt que c'est à cause de certains petits compliments *à la menthe,* que je ne laisse échapper aucune occasion de lui adresser , ce qui châtouille peut-être un peu son amour-propre.

Enfin , pour cette raison ou pour une autre , je suis , vis-à-vis d'elle , dans la même situation que *Martyr*, le chien du vétérinaire de l'endroit, contre lequel elle a aussi une bonne dent de lait.

L'ami Charles , qui veut me soutenir , risque beaucoup de s'attirer aussi le courroux de la châtouilleuse servante.

Elle n'est cependant pas mauvaise fille, au fond, mais elle n'aime pas les remarques aigres-douces.

Il faudra que je me raccommode avec elle : j'espère qu'elle ne se fera pas trop prier.........

Il est un autre personnage qui est souvent en butte aux railleries et aux bons mots de la société : c'est le véritable bouc émissaire.

Pauvre Casimir !

A peine est-il assis dans son coin , derrière la porte , qu'il est sur la sellette : immobile sur sa chaise, les deux mains entre ses genoux, la tête enfoncée dans le collet de sa tunique de *lignard* , il supporte avec stoïcisme les quolibets qui ne cessent de pleuvoir sur lui jusqu'au souper.

Parfois cependant, quand on le taquine par trop, il se hasarde à riposter, et il faut voir comme il sourit de bon cœur , quand M. Veillet , pour égaliser la partie, veut bien le soutenir.

Pauvre Casimir ! Il faut bien que quelqu'un prenne son parti, quand on crie toujours *haro* sur le même baudet.

Ces petites contrariétés d'amour-propre tournent cependant à son profit en contribuant au développement de son esprit.

Malgré les qualités de cet estimable jeune homme, nous ne pouvons décider Ernestine à l'accepter pour cavalier, et pour cause !

18 mars.

Voici treize jours que nous sommes à Pontcharra, et nous attendons toujours l'ordre de départ.

On nous a cependant lu hier un décret du Gouvernement qui licencie tous les gardes mobiles de France.

Qu'attend-on pour nous renvoyer dans nos foyers ?

On ne veut accorder aucune permission, sous prétexte que l'on s'attend à recevoir un ordre de départ à tout moment.

Et il en est ainsi depuis huit jours !

Pour nous faire prendre patience, notre colonel

a eu l'agréable attention de nous imposer l'exercice tous les matins , de sept.à neuf heures. Il ne manquait plus que cela pour nous faire aspirer plus ardemment encore vers la liberté !

Les habitants qui nous hébergent doivent commencer à trouver qu'il est onéreux de nourrir, pendant un aussi long espace de temps, quatre ou cinq gaillards, généralement doués d'un remarquable appétit.

Je saisis cette occasion pour remercier la famille Veillet des bontés qu'elle ne cesse d'avoir pour nous

Nous sommes un peu de la famille, maintenant, et notre excellente hôtesse nous disait , ce matin, qu'elle trouvera la maison bien vide quand nous en serons partis.

De notre côté, ce n'est pas sans regret que nous quitterons cette maison hospitalière , et nous conserverons le souvenir des bons soins que nous y avons reçus.

Quinze jours de repos et de bonne nourriture nous ont métamorphosés ! Au lieu des visages blêmes et amaigris que nous avions à notre sortie de Belfort , nous avons de bonnes figures, en-

core un peu maigres, mais colorées du plus bel in-
carnat.

Demain , dimanche , le colonel doit nous passer
en revue.

J'espère que nous partirons lundi. Ce qui nous
le fait supposer, c'est qu'on nous a fait rendre nos
objets de campement : toiles de tentes , couvertures , bidons , et que nous avons reçu l'ordre de ne
pas nous éloigner du campement.

19 mars.

Nous n'avons rien appris de nouveau à la revue, sinon que nous devons achever notre voyage à
pied.

Pour ma part , je suis grandement décidé à faire
en chemin de fer les cinq étapes qui nous séparent
encore de Lyon , et mon camarade de lit est tout à
fait de mon avis . . . .
. . . .

Lyon, 22 mars.

Enfin ! me voici au sein de ma famille !

Mon bataillon a quitté Pontcharra, ce matin, et a pris la route de Grenoble.

Les huit à neuf francs que j'ai pu économiser à Pontcharra, grâce à la générosité de nos hôtes, m'ont permis de prendre le chemin de fer, ce qui m'a épargné cinq à six jours de fatigues.

Mon ami Charles m'a suivi, et nous avons dit adieu ensemble, ce matin, à la famille Veillet.

Notre hôte nous a cordialement serré la main, ainsi que l'excellente madame Veillet, qui avait la larme à l'œil ; le petit Jules nous a embrassés ; et il n'est pas jusqu'au chien de la maison, la flegmatique Augusta, qui n'ait voulu nous témoigner son amitié par ses caresses.

Nous avons également fait nos adieux à Ernestine, et, pour nous prouver qu'elle nous pardonnait les petites contrariétés que nous avons pu lui faire subir, elle nous a bravement embrassés sur les deux joues.

N'avais-je pas bien raison de dire que c'était, au fond, une excellente fille ?

Qu'elle reçoive aussi nos remerciments pour la peine que nous lui avons occasionnée.

En quittant nos hôtes, nous leur avons promis de leur donner de nos nouvelles. Je m'acquitterai demain de cette tâche.

. . . .

. . . .

. . . .

Je suis enfin auprès de ma pauvre mère, dont les angoisses sont calmées.

Oh ! quel plaisir on éprouve à revoir sa famille, quand on en a été séparé par d'aussi tristes événements !

On a tant de choses à se dire, qu'on ne sait par où commencer ; une question n'attend pas l'autre ; mais on finit toujours par remercier Dieu d'avoir préservé le pauvre soldat des périls dont il était environné.

Ma mère a le bonheur de revoir ses deux enfants.

Mon frère cadet, défenseur de la patrie aussi,

engagé volontaire dans l'armée de la Loire, est aussi de retour.

Il a pris part à dix-huit combats, parmi lesquels celui de Coulmiers a été le plus glorieux pour nos armes.

Puis est venue cette fameuse retraite d'Orléans, dont les principales étapes ont été marquées par les combats de Gillonville, — Loigny, — Villepion, — Patay, — Arthenay, — Sainte-Péravie, — Saint-Sigismond, — Beaugency, — Vendôme, — Châteaudun, — Saint-Calais, — Parigné-l'Evêque, — Changé, — Le Mans, et qui s'est terminée à Saint-Jean-sous-Herbes, grâce à l'armistice qui est venu mettre fin aux hostilités.

Mon frère a pris part à tous ces combats, a été prisonnier durant quelques heures, et n'a pas eu la moindre égratignure.

Que d'actions de grâce ne devons-nous pas à la Providence qui nous a préservés tous les deux du péril, et qui nous a conservés à notre mère !.....

. . . .

. . . .

. . . .

C'est dimanche, à midi, que le 3ᵐᶜ bataillon fera son entrée solennelle à Lyon.

Je le rejoindrai avant son entrée dans la ville, a-fin d'avoir ma part des honneurs qui lui seront dé-cernés.

LE RETOUR

Lyon, 27 mars.

Hier, dimanche, à midi, les mobiles du Rhône ont fait leur entrée solennelle dans la ville de Lyon.

La réception la plus enthousiaste nous a été faite.

Nous avons suivi la grande rue de la Guillotière et le cours de Brosses, au milieu d'une foule immense qui était accourue au-devant de nous, et nous avons été reçus, à l'entrée du pont de la Guillotière, par la Municipalité.

Le général Crouzat et la cavalerie de la garde nationale nous avaient déjà souhaité la bienvenue, avant d'entrer en ville.

Quand nous sommes arrivés sur la place Bellecour, nous étions chargés de bouquets et de couronnes : nos fusils , nos boutonnières et nos ceinturons en étaient ornés.

La foule était immense sur la place, car non-seulement on désirait voir la fête , mais encore il se trouvait là des pères et des mères, qui avaient hâte d'embrasser leurs enfants , et qui étaient accourus des extrémités du département.

La garde nationale a tenu à honneur de nous saluer particulièrement de ses acclamations. Vingt-trois bataillons ont passé devant nous , musique en tête et enseignes déployées , aux cris mille fois répétés de :

Vive l'armée de Belfort !
Vive la mobile du Rhône !
Vive la République !

Auxquels nous répondions par ceux de :

Vive la garde nationale !
Vive la nation !

Cet imposant défilé a duré plus de deux heures.

D'aimables cantinières nous ont offert des oranges , à plusieurs reprises ; le public nous en jetait aussi ; les gardes nationaux nous en présentaient au bout de leurs fusils : c'était une véritable avalanche.

La réception de Lyon nous rappelle celles non moins sympathiques de Héricourt et de Pontcharra.

Après avoir été passés en revue par le général Crouzat, entouré de son état-major, nous avons été déposer nos armes au fort Lamothe , où on nous a lu un patriotique discours de notre colonel......

. . . .

. . . .

Nous voici donc rendus à la vie civile et à nos familles, qui ne peuvent se lasser de nous voir, de nous embrasser , et de nous entendre raconter nos misères.

Mais quel n'a pas été le désespoir de celles qui n'ont point vu revenir leurs enfants !

Et elles sont nombreuses , car l'effectif de nos compagnies est réduit d'un bon tiers , bien que les bataillons du Rhône aient été peut-être les moins ravagés par la maladie.

Pauvres familles ! pauvres mères surtout ! Vos fils ont généreusement donné leur vie pour la patrie ; ils sont morts en défendant la liberté de leur pays ; mais les efforts héroïques des enfants de la France n'ont pu relever de ses ruines la grande nation : son sol est encore foulé par les nouveaux barbares qui l'ont envahie ; un nouvel Attila vient de lui imposer des conditions impitoyables : une de nos provinces vient d'être détachée de la France, qui se trouve ainsi mutilée, comme beaucoup de ses enfants.

Nous, du moins, défenseurs de Belfort, nous avons la consolation de voir que notre résistance n'a pas été vaine, puisque Belfort reste à la France.

Cette ville sera désormais comme un phare avancé vers lequel se guideront les enfants de l'Alsace qui ne voudront pas supporter la domination du vainqueur.

Qui sait même si, de ce boulevard que nous conservons en Alsace, ne viendra pas le salut de cette province ?..
....
....

Notre dernière pensée devait être pour les morts.

Avant de nous séparer, nous avons célébré un service fûnèbre en l'honneur de ceux qui reposent *entre la Miotte et la Justice,* dans le lugubre *Vallon.*

Involontairement, il nous vient à l'œil une larme, et à la bouche ce funèbre refrain :

Ils sont là-bas, qui dorment sous la neige,
Et le tambour ne les réveille plus !

. . . .

. . . .

—FIN—

TABLE DES MATIÈRES

www.ingramcontent.com/pod-product-compliance
Lightning Source LLC
Chambersburg PA
CBHW072113090426

42739CB00012B/2960